왜 명문기업은 몰락했는가

샤프 붕괴

일본경제신문사 지음 | 서은정 옮김

AK STORY

목차

서장 인사항쟁이 부른 비극

"왜 저 사람이 사장?" ································· 17
소니를 질투한 역대 사장 ······················· 19
텔레비전 왕좌의 탈취 ···························· 20
"가타야마를 용서할 수 없다" ················· 21

제1장 궁지에 몰린 프린스

모두 그만둬라 ·································· 26
"대표권은 주지 말게" ····························· 27
"내가 사장이 될 것이다" ························ 29
마흔 살에 액정사업 부장 ······················ 31
마치다의 도박 ································· 33
얼굴이 안 보이는 회사 ·························· 34
"느닷없이 텔레비전?" ··························· 35
가메야마 브랜드 ································ 35
악몽의 사카이 프로젝트 ························ 38

"사장 한 명에 공장 하나" ·································· 39

가미카제 ·································· 43

격노한 소니 ·································· 43

심복 ·································· 45

사장 권한을 폐지 ·································· 46

금단의 과실 ─ 홍하이 ·································· 48

삼성을 이긴다? ·································· 49

뜬금없이 고립 ·································· 51

마치다의 매정한 태도 ·································· 51

"킹기도라 경영" ·································· 53

샤프 포위망 ·································· 55

뒤늦은 전략 전환 ·································· 56

퇴임 ·································· 57

제2장 실력파 회장의 오산

대표이사 '부장' ·································· 62

"가타야마인가, 가타야마가 아닌가" ·································· 64

가타야마의 라이벌 ·································· 66

통째로 사겠다 ·································· 68

최저한의 체면 ·································· 70

의견 차이 ·································· 72

페리가 아닌 테리 ·································· 74

주주의 불만 속출 ·································· 76

막판의 캔슬 ·································· 77

컨설팅 회사에 책임 전가 ·································· 78

틀어박힌 사장 ·································· 80

홍하이의 교란작전 ·································· 82

희망퇴직 쇄도 ·································· 83

제3장 복수의 쿠데타극

퇴임 기사 ·· 86
기타하마의 극비회담 ································· 87
사장의 백기 ··· 89
복권을 노리는 가타야마 ························· 90
출자 협상 ··· 91
삼성의 후계자 ··· 92
분출하는 분노 ··· 93
이변 ·· 95
밀약 ·· 96
마치다의 인사 개입 ································· 99
"가타야마, 너도 빠져라" ························ 100
다카하시 사장의 탄생 ···························· 101
새 사장은 구세주인가 ···························· 102
항쟁의 패배자들 ······································ 103
가타야마도 자멸 ······································ 104
일본전산으로 이직 ·································· 106

제4장 내부의 적을 배제하라

거물 은퇴자의 노성 ······························· 108
"친밀한 3인조" ·· 110
회사 평가는 최악 ···································· 112
할아버지의 가르침 ·································· 113
액정을 모르는 문외한 ···························· 115
삼성과의 제휴 협상 ································· 117
복사기 특유의 사정 ································· 118
수수께끼의 400억 엔 ······························ 120

"왜 어둡습니까?" ·· 121
아슬아슬한 공모증자 ······································ 122
도쿄올림픽이 가미카제 ··································· 123
모든 사업이 흑자화 ·· 125
와이가야로 복마전 해체 ·································· 125
"더는 패배자가 아니다" ·································· 127
1000년 기업? ·· 127

제5장 계승되지 않는 창업정신

액정은 가메야마가 마지막 ······························· 130
전직 부사장의 증언 ·· 132
사라진 자유활달함 ··· 133
세계 최초로 전자계산기 개발 ···························· 135
"센리보다 덴리" ··· 136
경영자를 속여라 ·· 137
무너진 불문율 ··· 138
모방할 수 없는 기술 ······································· 139
온리 원의 실패 ·· 141
사라져가는 샤프의 장점 ··································· 142
전해 내려와도 계승되지 않는 경영 ···················· 144

제6장 위기 재연으로 내분 발발

즉흥적인 발언 ··· 148
적중한 경종 ·· 150
은행 파견임원의 우울 ····································· 152
앞과 뒤의 숫자 ·· 153

두 주거래은행의 계속적인 지원 ······················· 154

"무리하지 않아도 괜찮아" ····························· 155

액정 사업 분리론 ································· 156

막후의 사장 오니시 ······························· 157

애플과 협상 ································· 158

오니시를 제외하라 ································· 159

벌처펀드조차 거들떠보지 않고 ························ 160

"다카하시 씨만 빼고 다 그만둬라" ··················· 162

본사 빌딩도 매각 ································· 164

"은행의 꼭두각시다" ······························ 166

살얼음판의 인사안을 비공식 승인 ···················· 166

텔레비전 본부장도 사표 ··························· 168

"노조도 힘들다" ································· 170

중소기업이 되나? ································· 172

"바보 취급을 당한 기분이다" ························ 173

제7장 좌절한 재건 계획

빼앗긴 실권 ································· 176

액정만 원흉인가 ································· 177

역효과만 난 사장 훈시 ····························· 178

이나모리즘의 흉내 ································· 180

자사제품을 사라 ································· 181

거래처의 우려 ································· 182

"액정사업을 포기하고" ····························· 183

"정부가 선두에 나서지 않으면" ······················ 184

"3,000억 엔에 매수하고 싶다" ······················ 185

두 주거래은행의 반발 ····························· 186

홍하이의 속셈 ································· 187

에이스가 사라진 대가 ································ 188

액정 분리의 리스크 ································ 189

매력 없는 태양전지 ································ 190

4K는 정말로 장밋빛인가 ······················ 191

애플에 의존할 수밖에 없다 ···················· 192

비장의 무기도 소용이 없고 ···················· 193

"도시바는 적자잖아" ···························· 194

넘버 2의 고뇌 ·································· 194

종장 비극은 끝나지 않았다

"그 남자가 다시 왔다!" ························ 198

"재떨이를 집어 던진다" ························ 199

내세울 만한 경영방침이 없다 ·················· 201

"이해관계가 너무 복잡하다" ·················· 202

"좀비 회사를 세금으로 구해줘?" ·············· 203

구조조정 없이는 재건도 없다 ·················· 204

승자 없는 권력 투쟁 ···························· 205

샤프 관련 연표 ································ 207

일러두기

1. 이 책은 국립국어원 외래어 표기법에 따라 일본어를 표기하였다.

2. 일본 인명, 지명, 상호명은 본문 중 처음 등장할 시에 한자를 병기하였다.
   *인명
     예) 하야카와 도쿠지早川德次, 가타야마 미키오片山幹雄
   *지명
     예) 오사카大阪, 교토京都
   *상호명
     예) 마쓰시타松下전기산업, 도시바東芝

3. 어려운 용어는 독자의 이해를 돕기 위해 주석을 달았다. 역자 주, 편집자 주로 구분 표시하였으며, 나머지는 저자의 주석이다.
   *용어
     예) 이나모리즘(교세라의 이나모리 가즈오 회장이 만든 경영 철학-역자 주)
        벌처펀드vulturefund(부실기업에 투자하여 수익을 올리는 회사나 그 자금-편집자 주)

4. 서적 제목은 겹낫표(『』)로 표시하였으며, 그 외 인용, 강조, 생각 등은 따옴표를 사용하였다.
   *서적 제목
     예)『온리 원은 창의력이다オンリーワンは創意である』,『나의 사고방식私の考え方』

5. 이 책의 원서는 샤프와 훙하이정밀공업이 인수 계약을 체결하기 전인 2016년 2월 17일에 발매되었다.

하야카와 도쿠지 早川德次

샤프의 창업자. 1893년 도쿄 출생. 8살이 되기 전에 금속세공점에서 견습직공으로 일한다. 기술자로서 실력을 쌓아 샤프의 전신인 벨트 버클 제조회사를 세운다. 간토대지진으로 가족을 잃고 거점을 도쿄에서 오사카로 옮겨서 재기. 샤프펜슬이나 일본 최초의 광석 라디오 등 획기적인 상품을 직접 발명. "남이 모방하고 싶어지는 물건을 만들라"면서 혁신 기술을 낳는 문화를 퍼트렸다. 1980년 6월 86세로 서거. 마쓰시타전기산업(현 파나소닉)의 마쓰시타 고노스케 씨가 조사를 읽었다.

사에키 아키라 佐伯旭

2대 사장. 1917년 출생. 전쟁으로 가족을 잃고 15살에 하야카와금속공업연구소(현재의 샤프)에 입사. 노력가로 입사 후에 학교에 다니면서 경리 업무를 배워 지배인으로서 하야카와 사장을 돕다가 1970년에 사장이 되었다. 오사카 센리에서 열린 만국박람회에 출전하기를 단념하고 나라 현 덴리 시에 연구센터를 개설하여 세계적인 기업의 기초를 쌓았다. 중흥조로서 인망도 두텁다. 사위의 친형인 쓰지 하루오를 제3대 사장, 사위인 마치다 가쓰히코를 제4대 사장으로 삼았다. 2010년 2월 92세로 서거.

쓰지 하루오 辻晴雄

3대 사장. 1955년 간사이학원대학 상학부 졸업, 샤프에 입사. 소비자의 요구를 반영한 생활소프트센터를 세우고 양문형 냉장고 등 유니크한 상품 개발을 지휘했다. 사장 시절에는 "모든 상품에 액정을"이라는 캐치프레이즈를 내세웠다. '액정 뷰캠' 등 액정의 수평 전개를 추진하고 '액정의 샤프'가 되는 길을 닦았다.

마치다 가쓰히코町田勝彦

4대 사장. 1966년 교토대학 농학부 졸업. 유업乳業제조사에 취직하여 1969년 샤프에 입사하는 이색적인 경력을 가졌다. 텔레비전 사업 부장 등을 역임한 경험을 통해서 샤프의 브랜드력이 낮다는 것을 통감. 1998년 사장 취임과 동시에 2005년까지 텔레비전 브라운관을 액정으로 전환하겠다고 선언. 샤프를 일약 텔레비전의 일인자로 부상시켰다. 마케팅 수완이 뛰어나다고 평가받는 한편 일류에 대한 집착이 분수에 넘치는 무모한 투자로 이어졌다.

가타야마 미키오片山幹雄

5대 사장. 1981년 도쿄대학 공학부를 졸업하고 샤프에 입사. 액정 기술자로서 일찍이 두각을 드러내서 '프린스'라고 불렸다. 2001년에 시스템 액정 개발 본부장, 2007년 49살의 젊은 나이로 사장에 취임한다. 전무 시절에 구상한 사카이의 액정 공장을 2009년에 가동시켰다. 거액의 적자를 초래하는 원인을 만들어 2012년에 오쿠다 다카시에게 사장직을 넘기고 회장이 되었다. 2013년 5월에는 복권을 노리고 오쿠다 퇴진의 쿠데타를 시도한다. 같은 해 6월에 연구원으로 물러난다. 현재는 일본전산의 부회장 겸 최고기술책임자CTO.

아사다 아쓰시浅田篤

전 부사장. 1955년에 샤프에 입사, 기술의 에이스로서 세계 최초로 전자식 탁상계산기 등을 개발했다. 액정 등의 개발도 추진했다. 1998년에 부사장으로 퇴임할 때까지 40년 가까이 샤프의 기술부문을 이끌었다. 창업자인 하야카와나 '중흥조'인 사에키로부터 직접 교육을 받아 액정에 대한 과잉투자를 혹독하게 비판했다. 샤프에서 퇴임한 후에는 닌텐도의 회장으로 근무했다.

하마노 도시시게浜野稔重

전 부사장. 1970년에 샤프 입사. 텔레비전 사업 등 주요 사업을 담당하다가 1997년에 이사가 되었다. 사장이었던 마치다의 오른팔로서 2001년에 발매한 액정 텔레비전 AQUOS(아쿠오스)의 판매에 크게 공헌. 2008년에 부사장에 취임했다. 태양전지 사업을 확대하겠다고 나서는 바람에 '부負의 유산'이라고 불리는 적자 요인을 만들었다. 라이벌인 가타야마를 견제하다가 경영을 혼란시켰다. 2012년에 상임 고문에서 물러나 2013년에 퇴사.

오쿠다 다카시奧田隆司

6대 사장. 1978년에 나고야공업대학 대학원을 수료하고 샤프에 입사. 2003년에 텔레비전 등을 다루는 AV시스템사업 본부장으로 착임했다. 같은 해 이사로 승격되어 2006년부터 조달본부장. 2008년부터는 해외산업기획 본부장, 해외시장개발 본부장 등 해외사업의 경험도 쌓았다. 2012년에 사장이 되었다. 지도력을 발휘하지 못하고 겨우 1년 만에 쿠데타로 인해 강제로 퇴임한다. 2015년에 고문.

다카하시 고조高橋興三

7대 사장. 1980년에 시즈오카대학 대학원을 수료하고 샤프에 입사. 샤프에서는 방계 사업인 복사기 기술자로서 경력을 쌓았다. 2003년에 도큐먼트 제1사업부장이 되어 2006년부터 중국 자회사의 사장으로 취임. 2007년에 귀국하여 백색가전을 통괄하고 2010년에 미국법인의 회장 겸 사장이 되었다. 2012년에 부사장이 되어 영업과 해외사업을 담당했다. 2013년에 사장으로 취임했다. 쓰지, 마치다 같은 과거의 경영자를 회사에서 밀어내고 인망을 모아 2014년 3월기는 3기 만에 흑자로 전환. 다만 경영 개혁에서는 효과적인 대처를 못해서 경영위기의 재연을 초래한다.

미즈시마 시게아키水嶋繁光

샤프 현 회장. 1980년에 오사카대학 대학원을 수료하고 샤프에 입사. 2003년에 디스플레이 기술개발 본부장이 되어 2005년에 이사로 취임했다. 같은 회사의 기술부문을 견인하여 2012년에 부사장으로 착임. 2013년 이후는 기술 부문의 총괄로서 사장인 다카하시를 보좌했다. 2015년에 회장이 되어 전자정보기술산업협회JEITA 회장으로 취임.

오니시 데쓰오大西徹夫

샤프 부사장 겸 집행임원. 1979년에 오사카대학을 졸업하고 샤프에 입사. 경리직으로 일하다가 2003년에 이사 경리본부장으로 취임. 2010년에 태양전지 사업의 책임자가 되지만 적자를 내고 2011년에 유럽, 중유럽, 동유럽 부본부장으로서 영국에 부임. 경영 상태가 악화된 2012년 급거 소환되어 경리본부장으로 복귀. 2014년에 부사장이 되어 기획과 관리의 일인자로서 군림. 다카하시의 측근으로서 '막후 사장'이라고도 불렸다.

2015년에 적자 전략의 책임을 지고 이사에서 물러났지만 그 후로도 부사장으로서 액정 사업의 구조개혁을 맡고 있다.

호시 노리카즈方志教和

샤프의 전前 액정 담당임원. 1978년에 오사카시립대학 대학원을 수료하고 샤프에 입사. 마치다에게 직언하다가 역린을 건드리는 바람에 2009년 자회사 사장으로 좌천. 2011년에 사장인 가타야마에게 발탁되었다. 2013년 이후 중소형 액정을 중국 시장에 판매하는 등 활약이 컸다. 2015년에 액정 사업의 채산 악화에 대한 책임을 지고 이사직에서 물러나 현재는 고문.

나카야마 후지카즈中山藤一

1977년 샤프 입사. 복사기 기술자로 다카하시 고조 사장과 친밀한 관계. 2013년에 전무가 되어 백색가전 등을 포함한 제품부문을 총괄. 호시와 함께 2015년 6월 고문으로 물러난 후 같은 해 12월 니치콘으로 이직.

하세가와 요시스케長谷川祥典

샤프의 대표이사로 넘버 2. 1980년에 리쓰메이칸대학 대학원을 수료하고 샤프에 입사. 휴대폰 사업에 정통. 2009년에 주력인 액정 사업도 담당. 2013년부터는 휴대폰 사업에 전념하여 사업을 안정시켰다. 2015년의 경영위기 때문에 대표이사 전무로 승격. 백색가전, 휴대폰 등의 컨슈머 일렉트로닉스 컴퍼니의 사장을 맡았다.

인물상관도

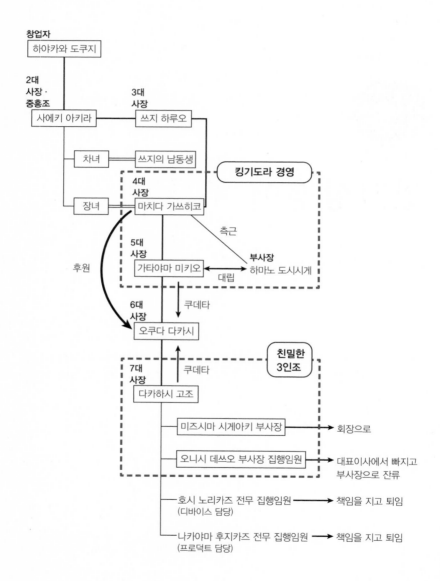

창업자
하야카와 도쿠지

2대
사장 ·
중흥조
사에키 아키라

3대
사장
쓰지 하루오

차녀 ── 쓰지의 남동생

장녀

킹기도라 경영

4대
사장
마치다 가쓰히코

측근

5대
사장
가타야마 미키오

부사장
하마노 도시시게

대립

후원

6대
사장
오쿠다 다카시

쿠데타

친밀한
3인조

7대
사장
다카하시 고조

쿠데타

미즈시마 시게아키 부사장 ──▶ 회장으로

오니시 데쓰오 부사장 집행임원 ──▶ 대표이사에서 빠지고
부사장으로 잔류

호시 노리카즈 전무 집행임원 ──▶ 책임을 지고 퇴임
(디바이스 담당)

나카야마 후지카즈 전무 집행임원 ──▶ 책임을 지고 퇴임
(프로덕트 담당)

서장

인사항쟁이 부른 비극

영국의 극작가 윌리엄 셰익스피어는 역사극 『리처드 3세』에서 절대 권력이라는 마성에 사로잡혀 파멸하는 인간의 비극을 그렸다.

15세기 후반, 영국의 왕위계승을 둘러싼 장미전쟁이 막바지에 이르렀을 때였다. 흰 장미 문장을 쓰는 요크 가문의 왕 에드워드 4세가 병으로 쓰러지자, 막내 동생인 글로스터 공작 리처드(훗날의 리처드 3세)는 왕위를 찬탈하기 위해서 천재적인 권모술수를 구사한다. 형과 형수, 어린 조카들, 가신인 귀족들을 차례차례 죽인다. 그러나 왕좌를 차지하자마자 붉은 장미 문장을 쓰는 랭커스터 가문의 리치먼드 백작(훗날의 헨리 7세)의 공격을 받아 비명횡사한다.

라스트 신은 소름이 끼친다. 자신이 모살한 사람들의 망령에 시달리던 리처드 3세는 발을 질질 끌면서 단말마의 비명을 질러댄다. "말을 다오. 말을 다오. 말을 가져오면 내 왕국을 주리라." 무참하게 방치된 그의 시체를 사람들은 증오에 찬 시선으로 바라본다.

현대 일본에서는 셰익스피어의 비극처럼 권력을 차지하고자 사람들이 서로를 검으로 찔러 죽이는 일은 없다. 권력을 둘러싼 싸움의 주무대는 '회사'이고, 회사원의 최대 관심사인 인사의 희비극이 펼쳐지고 있다. 그러나 경영자의 이기심과 보신 때문에 권력투쟁이 폭발하면, 회사는 위기에 처하고 사원들은 최대의 희생자가 된다. 피가 흐르는 일은 없지만 충분히 잔혹한 광경이다.

"왜 저 사람이 사장?"

　샤프는 권력자들의 인사항쟁 때문에 비극이 일어났다. 사카이 공장(사카이 시堺市)으로 대표되는 액정사업에 과도하게 투자한 것이 실패하는 바람에 경영위기에 빠졌고, 후에 내분이 격화되어 효과적인 타개책을 내놓지 못한 채 상처만 더욱 곪아간 것이다.

　구체적으로는 4대 사장이자 '액정의 샤프'라는 이미지를 쌓아올린 마치다 가쓰히코町田勝彦와 프린스라고 불렸던 5대 사장 가타야마 미키오片山幹雄가 2011년부터 대립하는 통에 경영이 위태로워졌다.

　가타야마 사장 시절에는 회장인 마치다, 그의 측근이자 부사장인 하마노 도시시게浜野稔重가 경영에 참견하는 '삼두정치'가 활개를 쳤다. 간부들은 크게 한탄했다. "우리 회사는 킹기도라(머리가 세 개인 괴수) 같다."

　2012년 4월, 거액의 적자가 난 책임을 지고 사장 자리에서 밀려난 가타야마는 대표권이 없는 회장으로 추대되었다. 그 뒤를 이어 사장이 된 사람은 마치다가 '인축무해人畜無害'하다고 판단한 오쿠다 다카시奥田隆司였다. 사내의 소문은 대략 이랬다.

"왜 저 사람이 사장이지?" 오쿠다는 사장 후보로 거론된 적이 한 번도 없어서 사장이 될 준비가 전혀 갖추어지지 않았다. 아이러니하게도 이 해에는 실적 부진을 이유로 텔레비전 제조사 3강이 모조리 사장을 교체했기 때문에, 존재감이 희미하고 리더십이 부족한 오쿠다가 오히려 주목을 받았다.

소니의 새 사장은 미국의 게임 사업에서 두각을 드러내며 전 회장 하워드 스트링거의 '사총사'라고 불리던 인물 중 하나인 히라이 가즈오平井一夫였다. 파나소닉은 전 회장인 나카무라 구니오中村邦夫가 일찌감치 사장 후보로 점찍어두었던 실력자 쓰가 가즈히로津賀一宏가 승격되었다. 두 회사 모두 '알짜배기 에이스'가 마운드에 올라선 것이다.

반면 오쿠다는 압도적으로 지도력이 부족했다. 가타야마가 복권을 노리고 쿠데타를 감행하자 고작 1년 만에 꼴사납게 쫓겨났다. 만약 실력파 회장인 마치다가 샤프의 위태로운 상황을 감안하여 실력파 사장을 탄생시켰더라면, 그 후의 스토리는 크게 바뀌었을지도 모른다.

2013년 6월, 오쿠다의 뒤를 이어 제7대 사장으로 취임한 인물이 현재의 다카하시 고조高橋興三다. 다카하시는 온후한 인품으로 알려져 있지만 만만치 않은 성격으로, 오쿠다보다 몇 수 더 위였다. 가타야마의 쿠데타에서는 실행부대의 리더이기도 했다. 사장으로 내정되자마자 마치다와 제3대 사장인 쓰지 하루오辻晴雄라는 거물 선배를 잇달아 잘라냈다. 전용차도 개인집무실도 압수했다. 가타야마 또한 내쫓았다. 전임 사장들의 경영 참견이 위기를 초래했다는 것을 잘 아는 사원들은 다카하시에게 갈채를 보냈다.

그러나 사내에서의 인기는 오래 지속되지 못했다. 다카하시는 복사기 기술자 출신으로, 간판상품인 액정처럼 부침이 심한 비즈니스를 떠안고 있는 샤프를 재건하는 구세주가 되기에는 역부족이었다. 결국은 2015년 1월에 위기가 재연되었다. 그러자 주력거래은행의 뜻을 반영하여 구조 조정 대책을 마련하고 자신은 사장 자리를 보장받았다. 액정 부문의 간부들은 권고사직을 당하고 대량의 인원삭감도 실시했다. "은행이 시키는 대로 구조조정만 할 건가?" "왜 사장이 책임을 지지 않나?" 사원들로부터 원성의 목소리가 터져 나왔다.

소니를 질투한 역대 사장

샤프는 액정 사업에 실패하여 경영위기에 직면하기 전까지는 견실경영이 모토인 우량기업으로서 독특한 존재감을 발휘했다. 창업자인 하야카와 도쿠지早川德次가 발명한 샤프펜슬은 너무나도 유명했고, 비록 중소기업이지만 세계 최초의 상품을 차례차례 탄생시켜왔다. 가족주의 경영을 중시하는 사풍 아래 기술자들은 낙원처럼 자유활달한 분위기 속에서 일할 수 있었다.

미국전기전자학회IEEE(Institute of Electrical and Electronics Engineers)는 2014년에 기술 분야의 역사적인 실적을 기리는 'IEEE 마일스톤'으로 14인치 액정 모니터를 인정했다. 전자식 탁상계산기(전자계산기)와 태양전지에 이은 세 번째 수상으로, 일본기업으로서는 처음 이룩한 쾌거였다.

샤프의 역사를 돌아보면 소니와 겹쳐지는 부분이 있다.

소니의 전신인 도쿄통신공업은 1946년 5월에 창업자 이부카 마사루井深大와 모리타 아키오盛田昭夫가 기술자가 실력을 최대한 발휘할 수 있는 '유쾌한 이상 공장'을 목표로 설립했다. 이부카가 가장 중요하게 생각했던 것은 '남이 하지 않는 일에 덤비는 도전 정신'이었다.

한편 비슷한 시기에 샤프의 하야카와도 '남이 모방하고 싶어지는 물건을 만든다'는, 표현은 다르지만 같은 이상을 품고 있었다. 독창적인 기술로 세계에 도전하겠다는 기개다.

소니의 성공 스토리는 창업 후 반세기 이상이나 계속된다. 휴대형 오디오 플레이어 '워크맨'으로 대표되는 세계적인 히트 상품이 너무 많아서 일일이 꼽을 수 없을 정도다. 그래도 소니의 우수성을 상징하는 상품은 '가전의 왕'이라고 불리는 텔레비전이었다. 독자적으로 개발한 브라운관 '트리니트론'은 세계 최고의 화질을 자랑한다.

샤프의 역대 사장인 사에키 아키라佐伯旭, 쓰지, 그리고 마치다는 소니에 대해 동경심과 함께 강한 질투심을 품고 있었다. 똑같은 텔레비전을 만들어도 브랜드력에서 압도적인 차이가 났고, 샤프는 늘 '얼굴이 보이지 않는 회사'라는 야유를 받아왔기 때문이다.

텔레비전 왕좌의 탈취

오랜 굴욕을 씻을 건곤일척의 기회가 찾아왔다. 그동안 샤프가 축적해온 액정 패널 기술을 전면적으로 채용한 평판 텔레비전 혁명으로 크게 앞서게 되었다. 1998년 사장으로 취임한 직후에 마치다가 내놓은 전략이었다. 당시 사내의 기술자들마저 '미친 짓'이라고 욕할 만큼 대담한 결단이었다. 마치다의 도박은 일시적으로 대성공을 거둔다.

평면 브라운관 텔레비전 'WEGA(베가)'로 대성공을 거두었기 때문에 소니는 액정 텔레비전에서는 크게 뒤쳐졌다. 샤프가 우러러봤던, 같은 간사이關西지방의 기업 마쓰시타松下전기산업(현재의 파나소닉) 역시 평면 브라운 관에서 소니를 따라잡느라 필사적이어서 미래를 내다보지 못했다.

그런 때 2004년에 가동한 샤프의 가메야마 공장(미에 현三重県 가메야마 시亀山 市)은 '세계의 가메야마 모델'로서 액정 텔레비전 'AQUOS(아쿠오스)'를 크게 히트시켰다. 소니와 파나소닉이란 두 강자를 능가하고 텔레비전의 세계 왕좌를 빼앗을 기세였다. 그것이 샤프 사내를 교만에 빠트리고, 이윽고 악몽으로 변해 사카이 공장에 치명적인 타격을 입히면서 경영진의 권력 투쟁을 초래했다.

"가타야마를 용서할 수 없다"

샤프를 혼란에 빠트린 항쟁의 주역들은 지금 무엇을 하고 있을까? 주 역인 마치다는 거의 회사에 모습을 드러내지 않고 교토京都 시내의 자택 에서 유유자적한 나날을 보내고 있다고 한다. 2015년 1월 경영위기가 재연되었을 때 자신이 공들여 길러온 임원의 퇴임에 격노하여 "다카하시 사장에게 책임을 물게 하라"고 옛날 측근들에게 전화했을 정도다.

또 하나의 주역인 가타야마는 여전히 건재하다. 일본전산의 나가모리 시게노부永守重信 회장 겸 사장의 권유로 부회장 겸 최고기술책임자CTO로 활약하고 있다. 과거 몸담았던 샤프의 우수한 기술자들이 잇달아서 일본 전산으로 옮겨간 것도 '가타야마 효과' 때문일까?

그러나 샤프의 많은 사원들은 가타야마에게 증오의 시선을 던진다. "회사 가 기울게 만들어놓고도 반성하지 않는 가타야마를 결코 용서할 수 없다."

가타야마에 의해 사장 자리에서 내려온 오쿠다는 퇴임 후 딱 1년 동안 회장으로 있다가 고문으로 물러났다. 가끔 본사에 얼굴을 내미는지 사원 식당에서 혼자 밥을 먹는 모습을 목격할 수 있다.

현재 사장인 다카하시는 거듭된 현장 방문에서 "사원 한 명, 한 명이 노력하면 회사를 부활시킬 수 있다고 믿는다"면서 격려를 아끼지 않는 다. 그러나 경영의 주도권을 쥐고 있는 곳은 미즈호은행과 미쓰비시도쿄 三菱東京UFJ은행이라는 두 주거래은행이다. 이들 주거래은행이 다카하시 에 대해 '경영자 실격'이라는 낙인을 찍은 지 오래되었다는 증언도 있다.

2015년 5월에 발표한 재건계획은 일찌감치 좌절되었다. 2015년 4~9월 기는 최종적으로 836억 엔의 적자를 내는 참담한 상황에 이르렀다. 그래도 다카하시는 "사장으로서 경영재건을 기필코 성공시키는 것이 나의 사명"이 라고 강변한다. 사원들 입장에서는 다카하시의 모습을 보자니 마치 "말을 다오! 말을!" 하고 외치는 리처드 3세의 최후가 연상될 것이다.

이 책은 샤프의 경영위기를 주제로, 명문名門기업이 권력항쟁 때문에 순식간에 전락하는 모습을 그린 것이다. 일본경제신문은 2015년 1월 19일자 조간 1면에 샤프가 2015년 3월기에 최종적으로 적자를 낸 것을 다른 곳보다 빨리 보도했다. 착실하게 경영이 재건되던 와중이라 느닷없 이 경영위기가 재연되는 바람에 많은 사람들이 놀랐다.

그 후로 '두 주거래은행에 자본지원요청'(3월 3일자), '내년 국내에서 희망 퇴직'(3월 19일자), '혁신기구와 출자 협상, 액정 분사分社'(4월 5일자), '주거래 은행 지원으로 본사 매각'(4월 16일자), '자본금 1억 엔으로 감자減資'(5월 9일자) 등 수많은 특보를 보도해왔다. 더욱이 2016년 1월 11일자에서는 관민 펀드인 산업혁신기구가 본체의 주식을 과반수 취득하고, 국가의 주도로 재건한다는 안이 협의되고 있다는 사실도 보도했다. 샤프의 재건을 둘러싼 움직임은 결국 최종국면에 접어들었다.

이렇게 자세한 보도가 가능한 것은, 회사의 장래를 우려하는 많은 사원들 및 관계자가 취재에 응해주기 때문이다. 취재팀은 '공정중립'의 자세를 지키는 한편, 가장 열렬한 독자일 샤프 사원들의 목소리에 귀를 기울이면서 회사가 호전되기 위해서 무엇이 필요한지 생각하고 보도해왔다. 경영을 파탄시킨 책임이 어디에 있는지 따져봐야 마땅하다고 느꼈다. 그런 취재의 성과를 정리한 것이 이 책이다. 샤프의 경영재건은 아직 출구가 보이지 않는 상태지만 일본을 대표하는 이노베이션 컴퍼니로 부활하길 진심으로 기원한다.

가타야마 시절부터 오랫동안 샤프를 담당했던 오사카大阪 본사 경제부의 이토 마사야스伊藤正泰, 전기그룹캠프의 기타니시 고이치北西厚一, 이야마 준飯山順, 요세 슈이치로世瀬周一郎, 오니시 도모야大西智也, 서울지국의 오쿠라 겐타로小倉健太郎(전 오사카 경제부)가 취재와 집필을 맡았다. 데스크워크는 경제부 차장 사토 노리야스佐藤紀泰가 담당했다. 끝으로 우리의 취재에 흔쾌히 응해주신 관계자 여러분께 감사드린다.

제1장

궁지에 몰린 프린스

모두 그만둬라

아이러니하게도 오늘날의 경영위기를 초래한 범인은, 액정 텔레비전으로 샤프를 세계 일류의 가전업체 대열에 진입시키는 데 원동력 역할을 했던 두 경영자의 대립이었다. 바로 제4대 사장 마치다 가쓰히코와 제5대 사장 가타야마 미키오다.

2007년 마치다는 마흔아홉 살이었던 가타야마를 사장으로 발탁했다. 신출내기였을 때부터 에이스 기술자였던 가타야마는 '액정의 프린스'로서 출세 가도를 달린 '비장의 사원'이었다. 그러나 가타야마의 주도로 오사카 사카이 시에 건설한 세계 최대 규모의 액정 패널 공장(2009년 가동)이 실패로 끝나자 두 사람 사이에는 균열이 생겼다. 주위 사람들까지 끌어들인 격렬한 인사항쟁이 거듭되는 바람에 경영은 혼란스러워졌다.

2012년 2월 중순, 오사카 아베노 구阿倍野区에 있는 샤프 본사의 임원회의실. 마치다 회장은 실내를 둘러보며 전원이 모인 것을 확인하고, 분노와 초조함이 뒤섞인 어투로 말을 꺼냈다.

"이렇게 엄청난 적자 결산이 말이 되나? 경영의 책임은 임원 모두에게 있는 법이네. 여기 있는 사람은 전원 사표 쓸 각오를 하도록."

마치다는 이때 자신도 회장직에서 물러나 상담역이 되는 것으로 사태를 마무리할 생각이었다. 임원들은 아무 말도 하지 못했다. 회의실 분위기는 무겁고 고요했다. 무리도 아니다. 2012년 3월기의 연결최종적자는 3,760억 엔이나 되었다. 샤프 창업 이래 최대의 적자였다. '액정의 샤프', '세계의 가메야마 브랜드'라는 찬사를 받으면서 전성기를 구가하던 회사가 나락의 바닥까지 떨어진 것이다. '천국에서 지옥으로.' 임원들의

뇌리에는 케케묵은 단어밖에 떠오르지 않았다. 그 회의에 출석했던 간부
는 이렇게 증언한다.

"적자의 숫자가 숫자인 만큼 아무도 불만은 없었습니다. 더군다나 마
치다 씨가 통고했으니까요. 나중에 조금 문제시된 것은 경제산업성經濟産
業省 출신의 아다치 도시오安達俊雄 부사장은 자르면 안 된다든가, 뭐 그 정
도였습니다. 다들 침묵했지만 회의실을 나와 자기 사무실에 가는 복도를
걷고 있자니 어쩐지 묘하게 흥분되었던 것을 기억하고 있습니다. 억울하
기도 하고 한심하기도 하고, 하여간 착잡한 심정이었죠. 다시 한번 재기
해 보이겠다는, 그런 기개랑은 달라요. 그런 체험은 평생 동안 그때 한
번뿐입니다."

임원들의 인사를 검토하면서 마치다가 가장 골머리를 썩였던 것은 자
신의 퇴임보다도 사장인 가타야마의 처우였다. 가타야마는 이때 쉰다섯
살. 다른 회사였다면 이제부터 사장이 될 수 있는 연령이었다. 가타야마
를 누구보다도 아낀 사람 역시 마치다였다. 다만 가타야마가 주도한 사
카이 공장이 엄청난 적자의 원흉이 되었다는 사실은 무마할 여지가 없었
다. 마치다는 즉각 가타야마에게 고했다.

"나는 상담역이 되겠네. 부사장도 전원 퇴임시킬 거야. 자네도 사장 자
리를 넘기고 회장이 되게나. 새 사장으로는 오쿠다 (다카시)가 좋겠어."

가타야마는 대답했다.

"저도 그만둘 생각이었습니다. 책임을 깊이 통감하고 있습니다."

"대표권은 주지 말게"

수뇌진의 인사는 결론이 났다. '마치다가 상담역, 가타야마가 회장, 그리고 후임 사장은 오쿠다'가 맡을 계획이었다. 그런데 여기서 '고문'이 인사에 참견했다. 상담역이자 제3대 사장인 쓰지 하루오였다. 마치다가 어떻게 인사 조치를 할 것인지 설명하자 쓰지는 전체적으로는 인정했다. 하지만 딱 한 가지 점에서 난색을 표하며 다시 생각해보라고 권했다. 가타야마에게 대표권을 남기는 일이었다. 쓰지는 마치다에게 이렇게 주문했다고 한다.

"파나소닉도 오쓰보 후미오大坪文雄 사장이 회장이 된다고 발표했지만, 대표권을 가졌기 때문에 평판이 무척 나빠. 그래서야 실적이 악화된 책임을 졌다고 볼 수 없지. 가타야마가 대표권을 가지면 우리 역시 비난받을 거야. 가타야마에게 대표권을 주는 것만큼은 그만두게나."

3월 13일에 쓰지와 마치다, 가타야마 세 명이 비밀리에 만났다. 쓰지는 간절하게 타일렀다. "가타야마, 이래서는 책임을 졌다고 보기 힘드네. 경영자라면 깨끗하게 마무리할 줄도 알아야지. 세상 사람들이나 주주들이 어떻게 생각하겠나. 부디 이해해주게." 그래도 가타야마는 고개를 끄덕이지 않았다. 마치다가 눈을 들여다보면서 이렇게 말했다. "대표권이야 아무렴 어떤가. 가타야마, 회장은 회장이라네. 앞으로도 마음껏 일할 수 있을 걸세."

'마치다 씨가 이렇게까지 간곡하게 부탁하는데…….' 그렇게 생각한 가타야마는 간신히 대표권을 갖지 않는 데 동의했다. 14일에는 새로운 경영진을 발표하기로 되어 있었기 때문에 발표 하루 전에 극적으로 타협을 본 셈이다.

어느 간부는 말한다. "가타야마 씨는 상당히 분했을 겁니다. 굉장히

프라이드가 강한 사람이거든요. 도쿄대학을 나와 샤프에 입사했고 저렇게 젊은 나이에 사장까지 했으니…. 살면서 평생 처음 겪는 좌절이었을지도 몰라요. 듣자하니 쓰지 고문이 난색을 표하고 가타야마 씨의 대표권을 빼앗은 모양인데, 그게 정말인지는 알 수 없는 노릇이죠. 마치다 씨도 여태까지와 마찬가지로 가타야마에게 휘둘리기 싫었을 겁니다. 어쩌면 마치다 회장님의 부탁으로 쓰지 고문이 가타야마 씨를 내쫓은 것일지도 몰라요."

"내가 사장이 될 것이다"

마치다는 2007년에 사장에서 회장으로 물러나면서 25명의 이사들 중에서 가장 젊은 가타야마를 후계자로 지명했다. 마치다의 아내는 샤프의 '중흥조'인 2대 사장 사에키 아키라의 딸이다. 액정 텔레비전에 성공해서 샤프를 세계적인 기업으로 끌어올린 수완도 높이 평가되고 있다.

"영업 출신인 마치다 씨는 무척 신중한 성격입니다. 반면 가타야마 씨는 뼛속까지 기술자로 전 세계를 상대로 비즈니스를 하고 있었죠. 마치다 씨는 자신에게 부족한 점을 가진 가타야마 씨를 높이 평가해서 사장으로 전격 발탁했습니다."(샤프 간부)

다만 가타야마를 사장으로 승진시킬 때 주위 사람들은 번의를 종용했다. "가타야마 씨는 고작 마흔아홉이고 해외 사업을 맡아본 적도 없습니다. 경험이 일천하니 사장직은 아직 이르지 않을까요? 다음다음에나 사장으로 앉히죠." 마치다도 이 시기에 가타야마를 사장으로 발탁하는 일을 고민했던 모양이다. 어느 고위 퇴직자는 이렇게 증언한다.

"언젠가는 가타야마 씨가 사장이 되리라고 보는 견해가 있었지만 아직은 너무 젊어요. 지금까지의 샤프 역사를 돌아보면 마치다 씨 다음도 사에키 씨나 마치다 씨와 인척 관계에 놓인 사람이 될 줄 알았습니다. 사내에서는 다음 사장이 가타야마 씨라는 말에 많은 사람이 놀라지 않았을까요?"

그리고 이런 말도 덧붙였다.

"사실은 나중에 이런 소문이 돌았습니다. 가타야마 씨가 소니에서 스카우트 제의를 받아서 자신이 소유한 액정 특허를 들고 소니로 옮기려고 한다는 말이 수뇌진들 사이에서도 떠돌았던 모양이라고. 가타야마 씨는 옛날부터 '내가 사장이 될 것이다'라고 공언하던 사람입니다. 마치다 씨는 고민 끝에 가타야마 씨를 사장으로 앉혔습니다. 그리고 본인은 샤프 역사상 최초로 대표이사 회장이 되어 가타야마 씨를 견제할 생각이었겠죠. 마치다 씨 말고는 가타야마 씨를 컨트롤할 수 있는 사람이 없거든요."

가타야마의 사장 승격을 발표한 2007년 2월 28일, 기자 회견에서 마

차기 사장으로 내정된 가타야마 미키오 전무와
악수하는 마치다 가쓰히코 사장(2007년 2월).

치다는 이렇게 발표했다. "(사장과 회장의 역할) 분담은 명확하게 정해두지 않았습니다. 2인 체제로 갑니다." 젊은 사장을 서포트한다는 명목으로 계속해서 영향력을 행사하겠다는 의향을 똑똑히 밝혔다. 다시 말해서 가타야마에게 전권을 주지 않겠다는 뜻이다. 마치다도 가타야마를 전면적으로 신뢰하고 있었던 것은 아니었다.

마흔 살에 액정사업 부장

샤프의 액정사업은 크게 두 가지 출신 모체로 나뉘었다. 나라 현奈良県 덴리 시天理市에 있는 중앙연구소와 태양전지의 신조新庄 공장(현재의 가쓰라기 공장, 나라 현 가쓰라기 시葛城市)이었다.

태양전지에 사용하는 기술은 액정 패널과 겹쳐지는 부분이 많다. 샤프는 80년대에 태양전지 사업의 방침을 재검토하여 우수한 인재들을 액정 부문으로 옮겼다. 샤프에서는 드물게 도쿄대학 출신인 가타야마도 그중 한 명이었다. 액정의 과제를 하나하나 극복해낸 덕분에 업계에서 '유명인'이 되었다. 기술자답지 않게 프레젠테이션 능력도 탁월했다. 언제부터인가 장래를 촉망받는 에이스가 되었다.

마치다는 자신이 사장으로 취임하고 4개월 후인 1998년 10월, 마흔 살밖에 안 된 가타야마를 액정 사업 부장으로 취임시켰다. "액정 텔레비전으로 세계를 제패하겠다"는 야심을 공언한 마치다는 그 목표를 실현시킬 능력을 보유한 가타야마에게 기대가 컸기 때문이다.

액정의 생산 거점인 미에 공장(미에 현 다키초多気町)에서 가타야마의 부하로 있었던 어느 간부는 이렇게 말했다.

"가타야마는 머리가 무척 좋고 선견지명이 있었어요. 야근은 일절 하지 않고 6시쯤 퇴근했습니다. 그런데 다음 날이 되면 자동차용 액정의 구동회로에 관한 멋진 아이디어 같은 걸 내놓았어요. 게다가 사람의 마음을 사로잡는 면이 있었죠. 자기보다 나이가 많은 사원에게는 직급이 아래라도 결코 반말을 하지 않았습니다. 꼬박꼬박 존댓말을 썼지요. 거래하는 부품업체에게도 예의가 발랐고요. 부품업체는 가격 인하를 요구할까 봐 겁을 냈지만 가타야마 씨는 '납품할 부품 갯수를 현재의 2배인 10만 개로 늘리겠습니다. 그러니까 코스트도 내려주세요' 같은 꿈을 주었습니다. 그래서 팬도 많았습니다. '악수를 했다'고 감격하는 부품업체 사장도 있었습니다. 하지만 사장이 된 후는 사람이 변해버렸죠. 자신이 넘쳐서는 무조건 자기 말에 따르라는 식이었어요. 마치다 씨가 있었기 때문에 본성을 감추고 있었던 것이 아닐까요?"

108형 액정 텔레비전의 옆에 선 마치다 사장(2007년 1월).

마치다의 도박

'액정의 샤프'를 세계적인 기업으로 도약시킨 주역은 마치다였다. 1998년에 사장으로 취임하자마자 "2005년까지 모든 텔레비전을 브라운관에서 액정 패널로 바꾸겠다"고 선언해 업계를 놀라게 만들었다. 액정 텔레비전의 판매 확대를 강력하게 추진한 마치다의 전략은 주효했다. 이 분야에서 뒤처진 소니, 파나소닉을 제치고 오사카에 있는 중견가전업체라는 샤프의 이미지를 크게 바꾸어놓았다.

마치다가 왜 액정 패널에 사활을 거는 도박을 했을까? 측근이었던 전 임원은 이렇게 말한다.

"마치다 씨는 영업 출신입니다. 텔레비전 영업부장을 경험하면서 샤프라는 회사의 브랜드력이 얼마나 약한지 통감해왔을 겁니다. 자주 이런 말을 했어요. '텔레비전이 없으면 브랜드력을 높일 수가 없다'고. 액정이라는 독자적인 기술로 일류 업체의 대열에 들어가고자 했어요. 말 그대로 무서운 집념이었습니다."

다른 간부도 말한다. "우리에게 텔레비전은 동경의 대상이었습니다. 마치다 씨는 텔레비전의 사업부장이었던 시절, 소니나 마쓰시타전기산업(현재 파나소닉)처럼 회사에서 직접 브라운관을 만들지 못한다고 자주 무시를 당했나 봅니다. 기술자는 좋아하는 물건만 만들 수 있으면 급료가 적어도 상관없겠지만 영업 쪽은 브랜드 이미지를 올리는 데 관심을 쏟지요. 단순한 가전 중 하나로 치부하며 포기하는 일 없이 끈질기게 대화면과 고화질을 추구했습니다. 브라운관 시대의 콤플렉스 때문에 액정 사업을 크게 키우겠다는 집착을 버리지 못한 거지요."

얼굴이 안 보이는 회사

1999년에 전문기관이 실시한 브랜드력 조사 결과에 따르면 샤프는 전기업계에서 7위에 그쳤다. 전자계산기나 비디오카메라 같은 히트 상품이 있음에도, 업계에서는 '얼굴이 안 보이는 회사'라는 야유를 받고 있었다. 우두머리 기질에 말주변이 좋고 호방뇌락豪放磊落(기개가 장하고 도량이 넓고 크다는 뜻—역자 주)하며 명랑한 타입의 마치다는 그런 성격을 영업 무기로 삼아서 순조롭게 출세했으나, 샤프 제품을 헐값에 넘기고 있다는 원통함을 지울 길이 없었다. "다시는 1.5류라고 불리고 싶지 않다." 그런 속내가 텔레비전의 '형태'를 사각 상자에서 평면으로 바꾼다는 거대한 도박에 나서게 만든 원동력이 되었다.

액정 텔레비전 사업의 전면 전개를 두고 사내에서도 미심쩍어하는 사람들이 많았다. 현장의 기술자들은 "아무래도 그것은 무리다"라고 이구동성으로 말했다. 그래도 마치다는 "온리 원의 회사가 되겠다"면서 의욕적으로 돌진했다.

당시 액정 패널은 노트북에 주로 사용되었다. 그러나 노트북의 판매량은 경기나 OS(운영체제)의 발매 시기 등 외적인 요소의 영향을 받기 쉬웠다. 시장 규모가 크고 수요량이 안정적인 상품은 텔레비전이었다.

하지만 넘어야 할 산이 많았다. 브라운관의 매끄러운 영상에 익숙해진 소비자의 눈은 엄격했다. 노트북보다 고화질로, 반응속도도 비약적으로 높이지 않으면 안 된다. 매끄러우면서도 선명하게 볼 수 있도록 시야각을 개선할 필요도 있었다. 최대의 과제는 역시 코스트였다. 실용화된 액정 모니터는 15인치가 약 18만 엔. 브라운관 텔레비전은 16인치가 2만 엔 정도였다.

"느닷없이 텔레비전?"

액정 부문의 전 간부는 술회한다. "사무실에서 브라운관 모니터는 자리만 차지하는 골치 덩어리였죠. 액정 가격을 브라운관보다 3배 정도까지 낮출 수 있다면 모니터를 교체할지도 모른다고 생각은 했습니다. 하지만 느닷없이 텔레비전까지 전면적으로 액정을 채용하겠다는 것은 너무 터무니없었습니다."

마치다는 강경했다. 2000년 정월부터 4일 연속으로 흘려보낸 30초짜리 텔레비전 광고에서는 이런 대사를 사용했다. "20세기에 두고 가는 것. 21세기로 가지고 가는 것." 두고 가는 것은 브라운관 텔레비전, 가지고 가는 것은 당연히 액정 텔레비전이다. 광고에는 국민적인 여배우 요시나가 사유리吉永小百合를 기용하고, 액정 관련 상품만 다루었다. 샤프 사장으로서 액정에 내거는 각오를 회사 안팎에 밝히는 것이 목적이었다.

2001년 1월 1일, 드디어 샤프는 '아쿠오스'라는 이름의 액정 텔레비전을 판매했다. '아쿠아(물)'와 '퀄리티(품질)'를 합쳐서 만든 조어造語로 액정의 이미지를 표현했다. 초대 모델은 20인치로 22만 엔. 브라운관 텔레비전보다 10배는 비쌌지만 발매한 지 2년 만에 100만대를 팔았다.

가메야마 브랜드

액정 텔레비전으로 세계 시장을 노리기로 결심한 마치다는 타사와의 차이를 벌려놓기 위해서 차세대형 공장 건설을 결단한다. "회사의 원점으로 돌아가서 제조업으로 일본 최고가 되겠다." 가격 경쟁력이 요구되는 상품은 해외에서 생산하지만 최첨단 기술은 개발부터 제조까지 일본 국내에서 해결하겠다는 것이다.

그래서 패널의 생산부터 최종 공정인 텔레비전 조립까지를 일관생산하는 '수직통합' 방법을 도입하여, 미에 현 가메야마 시에 새 공장을 건설하겠다는 계획을 세운다.

가메야마의 액정 공장은 '다다미를 프로젝트'라고 불렸다. 액정 패널은 기판인 유리가 커지면 커질수록 생산효율이 높아진다. 가메야마에서는 다다미 사이즈(다다미 한 장 크기는 910×1,820mm–편집자 주)의 기판 유리를 사용한다는 구상을 세우고 있었다. 한 장의 기판으로 32인치의 액정 패널이라면 여덟 장, 37인치라면 여섯 장을 만들 수 있는 고효율의 생산체제를 구축한다. 게다가 생산되는 액정 패널은 빠른 응답속도와 넓은 시야각 등 지금까지의 문제점을 극복한 성능이 요구되었다.

거대한 장치와 새로운 부재료를 조달하기 위해서 원재료 제조사와 장치 제조사를 끌어들였다. 또한 기술 유출을 방지하기 위해서 관계자 이외에는 공장 출입을 철저하게 막았다. 이것이 바로 마치다가 입버릇처럼 말했던 액정기술의 '블랙박스화'였다. 2004년 총 2,000억 엔을 투자한 가메야마 제1공장이 가동했다.

전례가 없던 일관생산 공장은 세계적인 주목을 받았다. 액정 텔레비전의 빠른 보급에 힘입어 샤프는 2006년에 가메야마 제2공장까지 설립한다. 가메야마 브랜드의 텔레비전을 사려는 소비자들로 가전양판점은 문전성시를 이루고, 샤프의 시장점유율은 급상승했다. 그러나 이러한 성공 경험이 경영 위기에 빠지는 계기를 만들게 된다. 마치다, 가타야마에게 조력했던 액정 부문 출신의 고위급 은퇴자는 이렇게 지적한다.

한때는 큰 성공을 거두었던 가메야마 공장.

"90년대에는 세상에 없는 제품을 만들었기 때문에 부재료부터 장치까지 모든 것이 세계 최초였습니다. 우리 마음대로 고안해서 개발할 수 있는 재미가 있었습니다. 분위기가 이상해진 것은 마치다 씨가 액정 선언을 한 2000년 무렵부터입니다. 그때까지 연구소에 틀어박혀 기술혁신만 생각하면서 일했는데, 어떻게 하면 거대한 패널을 만들 수 있는지가 업무의 중심이 되었습니다. 공장 설립을 위한 제조사 선정이나 공장의 레이아웃 같은 것에 매달리는 나날이 되었죠. 그것이 얼마나 위험한 일인지 가타야마가 정확하게 파악하고 있어야 했습니다."

샤프가 중심이 된 액정 텔레비전 진영은 파나소닉이 미는 플라스마 텔레비전과의 대결에서 우위를 차지했다. 득의만면한 샤프 경영진은 또다시 확대 정책을 추진한다. 세계시장을 석권하기 위해서 계속해서 거액을 투자한 것이다. "그 무렵부터 능력에 벅찬 과도한 투자가 시작되었다"고 어떤 간부는 술회한다. 그리고 가타야마는 이렇게 말하기 시작했다.

"액정 다음도 액정입니다."

브라운관을 대신한 액정 다음으로 개발될 디스플레이가 무엇인지 질문했을 때 대답이다. 성공이란 아이러니한 것이다. 이때 이미 '교만'이라는 실패의 씨앗이 뿌려졌다. "액정 기술은 내가 가장 잘 안다"고 호언장담했던 가타야마나 샤프에게 있어서 가메야마의 성공은 일시적인 영광에 불과할 뿐, 얼마 안 가서 '빛 좋은 개살구'가 되어버렸다.

악몽의 사카이 프로젝트

오사카의 중심부에서 한신阪神고속도로를 타고 와카야마和歌山 방면을 향해 남쪽으로 15분 정도 달리면, 우측 연안에 거대한 백색 건물이 나타난다. 주위에는 대기업의 주력 공장이 수두룩하지만 순백의 외벽 때문에 그 위용이 눈길을 확 사로잡는다. 그리고 벽 상부에는 빨간색으로 'SHARP'

건설 중인 사카이 시의 액정 패널 공장(2008년 8월).

38

라는 익숙한 로고가 달려 있다. 이것이 2009년에 가동을 시작한 세계 최대의 유리 기판을 사용하는 액정 패널 공장, 즉 사카이 공장이다.

'가메야마 모델' 인기 덕분에 원하던 브랜드력을 손에 넣은 샤프가 오사카 사카이 시에 설립한 '액정 콤비나트 구상'이다. 이 계획을 추진한 사람은 가타야마다.

가타야마는 사장이 되었을 때, 사내를 돌아다니면서 이런 말을 했다. "앞으로 우리 목표는 매출 6조 엔이다." 2008년 3월기의 연결매출은 약 3조 엔. 사원들은 "매출을 배로 늘리는 것은 무리"라면서 고개를 절레절레 흔들었지만 가타야마는 진심이었다.

"가메야마 공장은 패널부터 텔레비전 조립까지 업계에서 유일하게 수직통합 생산을 실현했으며, 새 공장에서는 이를 더욱 발전시킬 것입니다. 부재료와 장치 제조사, 당사의 기술자가 서로 연계하여 지식이나 노하우를 융합하고 새로운 기술혁신을 꾀할 것입니다. 이것이 바로 21세기형 콤비나트입니다."

2007년 7월, 사장으로 막 취임한 가타야마는 새 공장 건설 계획을 발표한 기자회견에서 의기양양하게 말했다. 가타야마는 말을 이어나갔다. "액정 기술은 결코 현 상태에서 머무르지 않을 것입니다. 앞으로도 기술혁신을 통하여 진정한 벽걸이형 텔레비전을 만들어내겠습니다."

"사장 한 명에 공장 하나"

업계에서 '제10세대'라고 불리는 사카이 공장의 기판 유리 사이즈는 다다미 다섯 장 크기만 하다. 그때까지 세계 최신예였던 가메야마 제2공장보다 1.7배는 더 컸다. 하나의 기판 유리로 60인치 패널은 여덟 장, 70인 치는 여섯 장을 만들 수 있었다. 전례가 없는 스케일이다. 새 공장의 부지 면적은 가메야마 공장의 4배인 127만 제곱미터. 액정에 부은 투자금은 3,800억 엔, 관련 공장이 4,000억~5,000억 엔, 태양전지까지 더하면 투 자 총액은 1조 엔 규모가 될 것이라는 예측도 표명했다.

당시 가타야마의 측근이었던 사람은 이렇게 말했다.

"가메야마의 성공은 마치다 씨의 공로입니다. 가타야마 씨는 사카이를 성공시킴으로써 사내에서 자신의 권력을 단번에 굳히고 싶었겠죠. '사장 한 명에 공장 하나'라는 말을 자주 했거든요."

마치다는 사카이 공장 건설 계획에 관해 마지막까지 신중했다. 2006년 당시에는 전무였던 가타야마가 사내에서 계획을 표명했을 때 마치다는 이렇게 말했다. "정말로 판로가 있나? 구매자가 정해진 것도 아닌데 너무

제10세대 유리 기판을 선보이는 가타야마 사장(2007년 8월).

40

무모하지 않아?" 하지만 가타야마는 강경했다. "앞으로 대형 텔레비전 시장이 커질 겁니다." 마치다 앞에서 한 치도 물러서지 않았다.

기술자인 가타야마는 사물을 논리적으로 생각했다. 한국과 타이완의 액정 패널 제조사가 대두하는 이상, 가격이나 규모 면에서 국제 경쟁력이 있어야 한다고 판단했다. 텔레비전이 점점 대형화되는 데 비례해서 유리 기판도 대형화된다. 영업 출신인 마치다는 샤프가 부품 등 외판 영업에 약하다는 점을 우려했지만 가타야마는 자신의 뜻을 밀어붙이려고 했다.

두 사람을 중재한 것은 부사장이자 전자부품총괄이었던 나카타케 시게오中武成夫다. 나카타케는 거래처인 소니에 지인이 많았다. 액정 텔레비전에서 뒤처진 소니로서는 고품질의 패널을 안정적으로 조달해줄 수 있는 샤프가 '구원투수'였다. 나카타케는 소니와의 협상장에 마치다를 데리고 갔다. 그 자리에서 소니와 판매계약을 맺은 덕분에 마치다는 새 공장 건설 계획을 승인하였다.

도표 1-1 2009년에 가동한 사카이 공장에 거액을 투자한 것이 역효과를 냈다

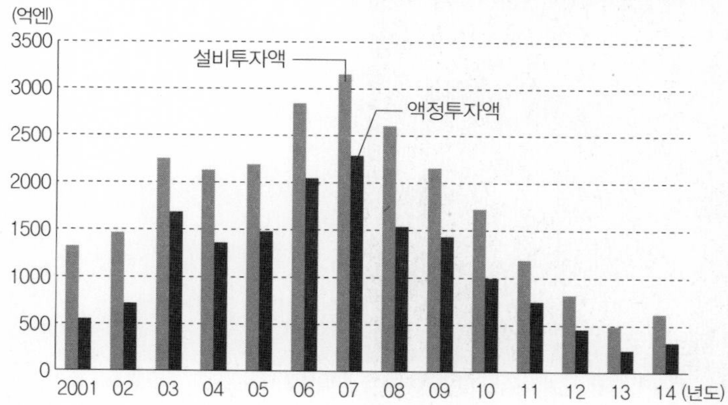

가타야마가 사카이 프로젝트에서 사업을 확대하겠다고 밝힌 것은 액정 패널만이 아니었다. 액정과 기술적인 상승효과가 있다면서 태양전지의 대량생산에도 나섰던 것이다. 2000년부터 2006년까지 샤프는 태양전지 모듈에서 세계 수위를 차지했고, 사업을 더 확대할 수 있다고 전망했다. 원래 태양전지 기술자였던 가타야마는 액정 패널과 태양전지의 양쪽에서 세계시장을 제패한다는 야심을 키우고 있었다.

액정 패널과 태양전지의 생산거점으로서 '그린 프런트 사카이'라는 이름을 붙인 거대 공장은, 우선 2009년 10월 1일부터 액정 패널 공장을 먼저 가동했다. 가동한 지 6년 이상 지난 현재도, 제10세대 유리 기판으로 패널을 생산할 수 있는 설비를 갖춘 공장은 세상에 여기 하나밖에 없다.

샤프는 평면 텔레비전의 선두주자로서 한국의 삼성전자 등 해외의 유

새 액정 패널 공장의 가동 계획을 발표하는
가타야마 사장(2009년 4월).

력기업들과 정면승부에 나섰다.

가미카제

"가미카제神風가 부는구나." 2010년 4월 16일, 마치다 회장은 사카이 시의 새 공장에서 만면에 미소를 띠었다. 반년 전에 설립한 사카이 공장이 본격적으로 생산을 시작하는 것에 맞춰서 열린 기념식이었다.

등을 떠밀어준 바람은 2009년에 시작된 가전 에코포인트 제도였다. 절전형 친환경 가전제품을 구입하면 상품권 등과 교환할 수 있는 포인트를 주는 제도다. 거기다 2011년 7월에 지상파 디지털 방송으로 완전히 이행되는 것도 한몫 했다. 그때까지 연간 900만~1,000만대를 유지하고 있던 일본의 텔레비전 총수요량이 2010년도에는 2,500만대까지 늘어났다.

사카이 공장은 유리 기판의 투입량을 기준으로 월 3만 6,000장의 생산규모로 가동을 시작했고, 1년 후인 2010년 10월을 기준으로 2배인 월 7만 2,000장으로 늘릴 계획이었다. 3만 6,000장이면 40인치 텔레비전용 패널을 월 60만대 이상을 만들 수 있는 생산 능력이지만, 패널의 물량이 현저하게 딸리자 3개월 앞당겨서 증산하기로 했다.

"증산해도 여전히 부족한 상황입니다." 2010년 4월 27일의 결산 발표에서 가타야마는 의기양양하게 말했다. 하지만 그 후 절정이었던 샤프에 이변이 일어났다.

격노한 소니

"고객을 뭐로 보는 건가? 이 회사만큼은 절대로 용서할 수 없다."
2010년의 봄부터 여름에 걸쳐서 소니와 도시바東芝의 간부가 일제히 샤프를 비난하기 시작했다.

두 회사는 사카이 공장에서 액정 패널을 구입하는 고객이었다. 당초 샤프는 사카이에서 만든 패널의 절반 이상은 다른 텔레비전 제조사에 공급해서 판매량을 안정시킬 계획이었다. 하지만 수급이 핍박해지자 샤프는 자사의 텔레비전에 우선적으로 공급하느라 외부에 판매하는 패널의 양을 제한했다.

이러한 조치에 소니와 도시바는 분노했다. 이 결정을 내린 사람은 가타야마였다.

샤프는 원래부터 거래처보다 내부 사정을 우선시하는 경향이 있었다. "중소기업이고 규모도 크질 않아서 내수를 중심으로 거래했습니다. 오랫동안 본격적으로 외판을 해본 적이 없었죠. 타사와 사이가 원만하지 않았어요"라고 가타야마의 측근이었던 사원은 말했다. 사내 사정을 최우선시하는 '내향지향'이 만연한 탓에, 고객과 회의하는 중에도 "상사가 부른다"면서 자리를 뜨는 일이 빈번했다고 한다.

시련은 금방 들이닥쳤다. 증산투자가 완료된 2010년 여름, 일찌감치 수요가 줄어들기 시작한 것이다. 미국이나 중국에서 대형 텔레비전의 재고가 쌓이면서 액정 패널이 남아돌았다. 급격한 엔고로 가격 경쟁력이 떨어지자 국내의 '특수特需'도 급속도로 축소되었다. 감가상각이 시작된 새 공장은 어쩔 수 없이 단속적斷續的인 감산에 들어갔고 수익 면에서도 큰 타격을 입었다. 샤프는 그 후에도 실적의 하향조정을 반복했다.

사카이 공장이 곤경에 처했을 때 소니가 패널의 매입량을 늘려 도와준 흔적은 없다. 삼성과의 합병 공장에서도 액정 패널을 조달할 수 있었기 때문이다. 샤프와 자본 관계가 없는 도시바는 해외의 제조사에서 조달하려고 했다. 엔고가 계속되는 이상 해외에서 패널을 조달하는 것은 누가 보아도 합리적인 판단이었다.

"샤프를 도와주려는 마음은 없었습니다." 소니의 간부는 술회했다. 소니는 사카이 공장의 운영회사에 100억 엔, 약 7퍼센트를 출자하는 주주였다. 출자 비율을 단계적으로 최대 34퍼센트까지 늘리겠다는 계획도 공표했었다. 그러나 추가 출자가 실행되는 일 없이 결국 소니는 2012년에 소유 주식을 전부 매각했다.

심복

액정 사업의 수익이 급속히 악화되어가는 가운데, '가미카제' 대신 불기 시작한 것이 회장과 사장 사이의 '찬바람'이었다. 밀접했던 두 사람 사이에 균열이 발생하기 시작했다. 당시 가타야마의 측근이었던 사람의 증언이다.

"가타야마 씨는 사카이 공장이 실패하자 사면초가에 빠졌지요. 마치다 씨는 사카이에 거액을 투자하는 데 동의했습니다. 하지만 사카이의 상황이 나빠지자 '가타야마는 왜 보고하질 않나? 어떻게 된 거야? 그놈은 회장을 뭐로 보는 거야?'라는 말을 하게 되었습니다. 가타야마 씨도 잃은 걸 만회하느라 정신이 없었을 겁니다. 그 두 사람이 대립하는 바람에 회사는 엉망이 되어갔지요."

이 무렵 마치다가 마음을 터놓았던 사람은 비슷한 연배의 하마노 도시시게 부사장이었다. 하마노는 텔레비전 사업의 책임자로서 2001년에 아쿠오스를 판매해서 액정 텔레비전 시장을 제패한 실적이 있었다. 경영기획, 해외사업 등 샤프의 주요 부문을 맡아온 인물이다. 마치다와 무척 친밀하고 '심복'이라는 단어가 딱 들어맞았다. 마치다는 가타야마와의 관계가 악화되면 될수록 하마노를 총애했다. 가타야마는 툭하면 마치다와 친밀한 사이라는 것을 과시하는 하마노가 눈에 거슬렸다. 언제부터인가 하마노는 가타야마의 천적이 되었다.

사장 권한을 폐지

2011년 초봄이 되자 마치다와 가타야마는 빼도 박도 못할 관계가 되어 있었다. 가타야마의 손발을 묶으려면 어떻게 해야 할까? 마치다가 생각해낸 방법은 우선 '충격요법'이 아니라 가타야마의 사장 권한을 실질적으로 무력화시키는 것이었다.

4월부터 시행되는 신체제가 공표되자 사내는 동요했다. 부사장에게 '사업담당'이라는 새로운 직함을 붙여서 태양전지 사업 등은 하마노가, AV기기나 액정 사업 등은 다른 부사장이 담당하게 되었다. 어떤 임원이 은근히 귀띔했다.

"각각의 사업에 사업본부장이라는 최고책임자가 따로 있는데도 일부러 그 위에 부사장을 앉혔습니다. 사장인 가타야마 씨의 권한을 실질적으로 축소시키는 것이 마치다 씨의 목적이었을 겁니다."

그리고 이렇게 말을 이었다. "이대로 가면 가타야마 씨는 실권이 없는 '부회장' 정도로 추대하고 마치다 씨가 회장과 사장을 겸임할지도 모릅니다." 이 무렵 소니는 하워드 스트링거가 회장과 사장을 겸하고 있었다.

마치다가 실적을 회복하기 위해서 직접 경영 전권을 잡으려고 하더라도 이상할 것이 없었다.

 그러나 마치다의 계략은 빗나갔다. 가타야마는 누가 시키는 대로 얌전히 따를 남자가 아니기 때문이다. 2개월 후인 6월에 액정 사업의 발본개혁을 발표하더니 천적 하마노가 총괄하는 태양전지 사업에도 끼어들었다. 어느 중견사원은 비명을 질렀다. "선장이 많아서 미치겠습니다. 뒤치다꺼리를 하는 것은 현장에 있는 우리니까."

 태양전지와 관련된 사원들 입장에서는 태양전지 개발에도 참여한 적이 있는 가타야마라면 몰라도, 시장 상황이나 기술에 정통하지 않은 하마노에게는 불만이 많았다. 예를 들어 이탈리아의 전력회사 에넬 에스피에이Enel SpA와 태양전지를 합병생산하게 되었는데, 하마노는 전지의 발전 효율을 매년 큰 폭으로 개선하겠다는 등 "기술적으로 도저히 불가능한 일을 함부로 약속했다"(중견 간부)고 한다.

 하마노로서는 마치다에게 새로운 임무를 받은 이상 적극적으로 움직여서 실적을 쌓을 필요가 있었다. 이것이 현장을 혼란에 빠트렸다.

 사장에 부사장, 사업본부장——도대체 누구의 명령을 들어야 하나? 사내에서 불만이 터져 나오는 바람에 담당 부사장제는 고작 반년 만인 10월에 폐지되었다. 어느 간부가 한숨을 쉬며 털어놓았다. "부사장이 사장을 거든다는 보편타당한 일이 가능하다면 우리 회사도 잘 굴러갈 텐데……."

 마치다의 작전은 실패했다. 그리고 그 후로 오랫동안 샤프를 농락하게 되는, 악연이라고 부를 수밖에 없는 한 기업과의 협상 때문에 마치다와 가타야마의 관계는 결정적으로 악화되었다.

금단의 과실——홍하이

시계 바늘을 1년 전인 2010년으로 돌리겠다. 사카이 공장의 가동률이 악화되자, 가타야마는 액정 사업을 지원하기 위해서 즉각 새로운 걸음을 내디뎠다. 전자기기의 위탁제조서비스EMS(Eelectronic Manufacturing Service)로는 세계 최대 기업이자 10조 엔 규모의 매출을 올리는, 타이완의 홍하이정밀공업과의 연계였다.

그러나 이 협상에서 가타야마는 홍하이의 회장 궈타이밍郭台銘(영어명은 Terry Gou)에게 질질 끌려 다녔다. 홍하이에 대한 경계심이 강해진 마치다는 점차 가타야마의 경영능력에도 의문을 품게 되었다.

홍하이정밀공업의 궈타이밍 회장.

가타야마는 2010년 여름에 궈타이밍과 만나, 급속도로 존재감이 강해지고 있는 한국의 삼성전자에 대항하기 위해서 협의를 시작했다. 결과는 금방 도출되었다. 샤프가 공표한 2010년 3분기(7~9월)의 보고서를 보면 알 수 있다. '경영상의 중요한 계약 등' 항목에 '액정 표시장치에 관한 특허실시권의 허락'이라는 새로운 계약이 기재되었다. 기간은 9월 30일부터 7년간. 상대는 타이완의 치메이奇美 이노룩스. 홍하이의 그룹 회사로 액정 패널로 세계 4위였던 치메이전자(현재 췬창광전群創光電, 이노룩스)다.

샤프는 이 항목에 대해서 적극적으로 설명하지 않았다. 업계에서도 당초에는 크게 주목받지 않았다. 어떤 기술이고 어떠한 조건으로 사용되는지 불분명했기 때문이다. 동업자가 일부 기술을 사용할 수 있도록 허락하는 것은 딱히 드문 일도 아니다. 다만 가타야마로서는 이것이 '액정의 샤프'로 부활하기 위해 던진 과감한 한수였다.

삼성을 이긴다?

2010년 연말에 샤프와 홍하이의 거리를 순식간에 좁힌 '사건'이 있었다. 액정 패널의 가격 카르텔로 유럽연합EU이 치메이전자에게 거액의 과징금을 부여했기 때문이다.

"카르텔을 주도한 것은 삼성 등 한국의 두 회사다." 궈타이밍은 분노를 감추지 않았다. 삼성은 카르텔 정보를 제공하고 제재금을 면제받았다.

상황을 잘 아는 관계자가 말했다. "궈타이밍은 '상도덕'이 없다고 삼성을 욕했습니다. 그 말이 가타야마 씨의 가슴에 깊이 파고든 것이 아닐까요?"

협의는 점점 구체화되었다. 2011년 초에 가타야마는 홍하이와의 제휴를 히든카드라고 여기게 되었다. 그리고 "이걸로 코스트 면에서도 삼성을 이길 수 있다"며 훙하이와 제휴를 더욱 강화할 계획이었다. 제휴 협상에 관여했던 샤프의 간부는 다음과 같이 해설한다.

"먼저 액정 패널의 생산 분담이 실현 가능성 높은 테마였습니다. 판매량이 많은 만큼 가격 경쟁도 치열한 20~30인치대 텔레비전용 패널은 훙하이그룹의 치메이전자, 사카이 공장에서 효율적으로 생산할 수 있는 40인치 이상의 대형 패널은 샤프가 맡기로 했습니다. 판매는 필요한 양을 상호 제공하면 되고요. 잘 하는 분야를 특화해서 화면 사이즈별로 양측의 생산 규모를 늘리면 코스트를 절감할 수 있습니다. 훙하이에서 조달하면 엔고의 영향도 누그러트릴 수 있다는 계획이었죠."

가타야마의 자신감은 흔들리지 않았다. 사카이 공장은 실적의 발목을 잡아당기는 '짐'이 되었지만, 세계 최첨단의 액정 패널 생산거점이라 높은 평가를 받고 있었다. 이런 일도 있었다.

"중국에 제10세대 액정 공장을 세우지 않겠습니까?" 2011년 1월 17일 중국의 산업정책을 담당하는 국가발전개혁위원회와 신식信息산업부의 담당자가 사카이를 방문해서 이런 요청을 했다.

일본, 한국, 타이완의 액정 패널 제조사는 거대시장인 중국 현지에서 생산하길 원하지만, 자국의 제조사 보호가 우선인 중국 정부는 허가를 내리길 주저했다. 중국은 최첨단 기술을 제공한다면 샤프의 진출을 인정하겠다고 했다. 결국 가타야마는 사카이 공장의 성공에 자신이 있었기 때문에 그 제안을 거부했고, 여전히 강경한 자세로 훙하이와의 협상을 진행하고 있었다.

뜬금없이 고립

치메이전자의 패널을 샤프의 이름으로 팔려면 샤프 못지않게 고품질의 패널을 만들어낼 필요가 있었다. 2010년 여름에 샤프가 치메이와 나눈 계약 내용은, 고성능에 소비전력이 낮은 패널을 만드는 기술을 제공하겠다는 것이었다. 연말부터 연초에 걸쳐서 샤프의 기술자가 빈번하게 타이완으로 건너가 설비 개수와 생산 방법을 지도했다. 합병회사를 설립한 후 자재 조달의 일원화와 액정 사업 자체를 통합하는 구상까지 부상하고 있었다.

2010년의 대형 액정 패널의 출하액 시장점유율은 치메이전자가 14.7퍼센트로 4위, 샤프는 9.8퍼센트로 5위. 합하면 24.5퍼센트가 되어 한국 삼성전자(25.8퍼센트), LG그룹(25.5퍼센트)과 비등하다. 연계하면 조달, 판매 양쪽으로 경쟁력이 비약적으로 높아진다.

2011년 2월부터 3월에 걸쳐서, 홍하이의 궈타이밍과 가타야마는 일본과 타이완을 오가면서 협상을 거듭했다. 대화는 순조롭게 진행되는 것처럼 보였다. 샤프는 3월 하순에 대외적으로 제휴에 대해 발표하기로 결정하고 기자회견장으로 사용할 호텔까지 예약했다. 그러나 발표일은 연기에 연기를 거듭하다가 결국은 취소되었다.

그렇게 만든 사람은 다름 아닌 마치다였다. 마치다는 가타야마가 홍하이와의 제휴에 적극적인 것을 우려했다. 마치다가 가타야마를 '뜬금없이 고립'시킨 것이었다.

마치다의 매정한 태도

"훙하이? 거기하고는 일전에 계약했어."

2011년 7월 15일, 마치다는 기자들과의 간담 중에 갑자기 말을 꺼냈다. 합의한 것은 액정 패널의 생산 분담, 부재료의 공동조달을 위한 합병 회사의 설립 등이다. 마치다의 말을 액면 그대로 해석하면, 가타야마가 당초에 세운 구상대로 진행되고 있는 것처럼 보였다. 그러나 마치다의 말투는 어딘가 퉁명스러웠다. "왜 기자회견 자리를 마련하지 않나?"라는 질문에 마치다는 이렇게 대답했다. "그럴 정도의 일은 아니지 않나."

이 발언에 기자들이 술렁거렸다. 그때까지 가타야마가 진행해온 훙하이와의 제휴 협상의 진척 상황이 어떤지는 베일에 싸여서 외부로 정보가 새어나가지 않았다. 그러나 회사 경영에 중요한 안건인데도 최고실력자인 마치다의 매정한 태도는, 가타야마가 경영의 중추에서 제외되고 있다는 사실을 시사했다.

샤프와 훙하이가 제휴계약을 맺기 전날인 7월 1일, 궈타이밍과의 만찬 자리에 출석한 샤프의 수뇌는 마치다와 하마노. 가타야마의 모습은 거기에 없었다. 가타야마가 불참한 이유는 '미국 출장' 때문이라고 설명되었다.

마치다는 처음부터 훙하이와의 제휴 협상에서 한 발 물러나 있었다. 연계 자체를 반대하는 것은 아니었지만 가타야마가 지나치게 적극적이라고 느끼고 있었다. 샤프의 액정 사업을 분사해서 치메이전자와 통합한다는 구상이 떠올랐을 때, 가타야마는 사카이 공장은 물론 가메야마 공장까지 포함시키려고 했지만 마치다는 가메야마는 남겨야 한다고 주장했다.

마치다는 친한 간부들에게도 이렇게 말했다. "훙하이 놈들은 달콤한 말을 늘어놓다가도 냉정하고 치사한 짓을 저지른다. 돈 버는 수완만큼은 인정하지만."

홍하이는 미국 애플의 스마트폰 'iPhone'을 조립하길 원했다. 귀타이밍은 거대한 기업을 일대에 쌓아올린 입지전적인 인물이지만 방심할 수 없는 경영자라고 보는 견해도 많았다.

홍하이와의 협상 과정에서 이의를 제기하는 목소리가 나날이 높아지고, 가타야마는 점점 고립되어갔다. 그리고 2011년 봄에 접어들면서, 협상의 전면에는 마치다가 나서는 일이 많아지고 홍하이와의 협의는 언제부터인가 '회장이 처리할 문제'가 되어 있었다. 가타야마 측에 서는 임원은 줄어들기만 했다.

"킹기도라 경영"

가타야마의 권력기반이 약해졌다──. 이것을 민감하게 느끼고 자신의 기회로 삼으려는 남자가 있었다.

하마노였다. 어떤 간부가 지적했다.

"애초에 가타야마 씨의 사장 취임에 가장 불만을 품은 사람이 하마노 씨일 겁니다. 가타야마 씨와 마찬가지로 전무였던 하마노 씨는 마치다 씨의 다음은 자신이라고 생각하고 있었겠지요. 뭐니 뭐니 해도 사내에서 가타야마 씨보다 '왕도'를 걸어왔으니까요. 그래서 자신의 존재감을 더 어필하려고 노력했어요. 그것이 태양전지에 대한 무모한 투자로 이어졌다고 봅니다."

태양전지 사업은 액정 사업과 더불어 샤프의 경영을 기울어트린 커다란 원인이었다. 액정 패널 공장과 같은 부지에 있는 거대한 태양전지 공장의 건설이 그 상징이다. 얼마 안 있어 샤프에게 '부負의 유산'이 되었다.

하마노가 부사장으로 취임한 2007년, 세계적으로 확대되고 있었던 태양전지는 원료인 실리콘의 가격이 급등하고 있었다. 원래 태양전지에는 반도체를 만들고 남은 폐자재를 사용했는데, 그것만으로는 수요를 따라잡을 수 없었다. 원료업체는 전용의 실리콘을 만들어 태양전지 제조사에 장기 구입 계약을 요구했다.

하마노는 2008년에 몇몇 회사와 2020년까지의 실리콘 조달 계약을 체결했다. 소재 조달이 끊어지면 사카이 공장에서 태양전지를 양산할 수 없게 된다. 안정적으로 실리콘을 확보하는 것이 목적이었으나 이 판단은 대실패로 끝났다. 그 해 가을에 일어난 리먼 사태로 '태양광 거품'이 순식간에 꺼지고 실리콘 가격이 폭락한 것이다. 샤프에는 시장 가격보다 몇 배나 비싸게 실리콘을 구입할 수밖에 없는 계약만 남았고, 이것이 태양전지 사업에서 적자를 달고 사는 원인이 되었다.

"가타야마 씨가 액정이라면 하마노 씨는 태양전지라는 식으로 서로 다투듯이 투자해서 이상했습니다." 당시의 간부는 회상한다. 어느 날 주위 사람으로부터 중요한 정보를 알게 된 하마노는 "사장님께 보고하지 않아도 되겠습니까?"라는 질문에 이렇게 대답했다고 한다. "회장님께는 전달하겠다." 사장을 '벌거벗은 임금님'으로 만든 것이다. 사장인 가타야마와 실력파 부사장인 하마노가 대립하고 있으니 경영이 혼란스러워진 것도 당연하다.

다른 간부는 자조적으로 말했다.

"마치다, 가타야마, 하마노가 제각각 명령하는 사태를 사내에서는 '킹기도라 경영'이라고 불렀습니다."

킹기도라는 영화에 나오는 머리가 세 개 달린 괴수다. 각각의 입으로 광선을 발사한다.

샤프 포위망

가타야마의 권력 기반이 흔들리는 가운데 업계에서는 어떤 '사건'이 일어나고 있었다. 소니, 히타치, 도시바가 공동으로 액정 패널 회사를 설립한 것이다. 샤프 역시 합류하라는 권유를 받았지만 "우리는 단독으로 해낼 수 있다"고 거절했다. 결과적으로 국내의 약세 3사가 손을 잡았고, 정부도 지원을 아끼지 않아 관민펀드인 산업혁신기구가 출자하기로 했다.

"일본의 산업은 국내 경쟁으로 체력을 소모해왔습니다. 앞으로는 서로 힘을 합쳐서 발전시켜 나갈 작정입니다." 2011년 8월 31일 히타치日立의 사장 나카니시 히로아키中西宏明는 도시바, 소니와의 공동 기자회견에서 힘차게 선언했다. 기자회견이 열리기 몇 주일 전, 부하로부터 "3사가 연합하는 것이 확실하다"는 보고를 받은 샤프의 간부는 불만을 터트렸다. "해외와의 경쟁을 고려하면 액정의 일인자인 우리 회사에 투자해야 마땅하다. 산업혁신기구를 통해서 공적자금이 라이벌에게 투입되다니 어처구니가 없다."

한편 가타야마의 반응은 무성의했다. "아, 그래?"

사실 히타치는 스마트폰 등에 사용하는 손바닥 사이즈의 중소형 분야 액정 패널을 두고 홍하이와 제휴 협의를 하고 있었지만 '히노마루日の丸 반도체 연합'으로 방침을 변경했다. 2010년 중소형 액정 패널의 시장점유율은 3사 합쳐서 22퍼센트. 세계 수위인 샤프의 15퍼센트를 능

가하는 세계 최대의 중소형 액정 제조사 '재팬 디스플레이JDI(Japan Display Corporation)가 2012년 봄에 탄생했다.

"JDI는 어차피 이류업체들의 집합. 오합지졸이 무얼 할 수 있겠나." 프라이드가 높은 샤프의 기술진은 액정 분야에서 세계 최고라고 자부하는 만큼 이들을 깔보았지만, 그로부터 4년 후 중국 시장에서 시장점유율을 빼앗고 샤프를 경영위기에 몰아넣은 것이 JDI였다.

뒤늦은 전략 전환

마치다에게 따돌림을 당하게 된 가타야마의 고뇌는 깊었다. 스스로 사장 자리를 유지하려면 주력인 액정 사업을 하루라도 빨리 자력으로 회복시킬 수밖에 없었다.

2011년 6월 가타야마는 액정 사업에서 새로운 전략을 내놓았다. 가타야마는 평소처럼 자신만만한 말투로 이렇게 말했다. "판매량으로 이겨도 적자가 날 만한 시장에서는 싸우지 않겠다. 시장점유율보다 채산을 중시하고 싶다. 구체적으로는 가메야마에 있는 대형 텔레비전용 액정 패널 공장에서 스마트폰용 중소형 패널을 양산할 생각이다."

2004년에 텔레비전용 액정 패널의 거점으로서 가동한 가메야마 제1공장은, 'iPhone' 때문에 대량의 패널이 필요한 애플로부터 500억 엔의 자금을 제공받아서 총액 약 1,000억 엔을 들인 전용 거점으로 변신하고 있었다. 문제는 '제8세대'라고 불리는 대형 유리 기판을 사용하는 가메야마 제2공장이었다. 텔레비전 시장의 급속한 축소로 패널의 생산설비 가동률이 저하되어 적자가 누적되는 상태를 어떻게 개선하느냐가 당면 과제였다.

그러나 액정 사업의 수익을 단기간에 끌어올리기는 어려웠다. 샤프의 실적은 2011년 말부터 더욱 악화되어갔다. 텔레비전용 액정 패널의 재고는 쌓여만 가고, 일본에서는 수위를 차지했던 휴대전화도 애플 등의 스마트폰에 밀려서 시장점유율이 빠르게 낮아졌다. 태양전지도 공급과잉으로 인한 판매가격 하락의 영향으로 적자에서 빠져나오지 못했다. 주력사업이 부진을 면치 못하고 있기 때문에 자력으로 회복한다는 시나리오를 더는 그릴 수 없게 되었다.

퇴임

2012년 3월 14일, 마침내 이때가 왔다. 샤프는 가타야마가 사장에서 퇴임한다고 발표했다. 마치다도 회장에서 상담역으로 물러나고, 새 사장으로는 상무집행임원인 오쿠다 다카시가 승격되었다. 가타야마는 대표권이 없는 회장이 된다. 기자회견에서 가타야마는 말을 고르면서 침착하게 말했다.

"전기업계는 환경 변화가 극심해서 사장 혼자서 모든 사업을 관리하기란 어렵습니다. 오쿠다와 2인3각으로 해나가겠습니다. 과거 최대의 적자를 낸 원인은 주력 상품의 시장 상황이 악화되었음에도 시의적절하게 대응하지 못했기 때문입니다. 다시 성장궤도에 올려놓음으로써 책임을 다하고 싶습니다. 오쿠다는 십여 년간 해외 마케팅 등을 담당해왔기 때문에 신흥국 진출을 앞둔 현재 최고의 적임자라고 할 수 있습니다. AV시스템사업 본부장으로서는 제 전임에 해당하며 액정 사업에도 정통합니다."

가타야마는 실적 악화로 인한 인책 사임은 아니냐는 질문에는 부정하면서도, 액정 패널이나 텔레비전 사업을 둘러싼 경영 판단에 실수가 있었다고 솔직하게 인정했다. 가타야마가 맡게 되는 회장직에 대표권이 없는 이유를 이렇게 설명했다.

"회장은 대외활동을 담당하고 사장은 경영 집행에 전념할 것입니다. 집행 책임자에게 대표권이 집중되어야 마땅하다고 생각해서 회장의 대표권을 폐지했습니다. 오쿠다가 일하기 쉬운 환경을 만들어주려고 고심한 결과입니다."

시장은 정직했다. 가타야마의 사장 퇴임을 주식시장은 호의적으로 받아들였다. 실적 악화가 우려된다는 이유로 그날 한때 483엔으로 떨어졌다. 1979년 이래의 낮은 가격을 기록했던 주가가 사장 교체의 뉴스가 전해지자마자 일변하여 급상승. 531엔까지 회복되어 거래를 마쳤다. 시장이 가타야마의 퇴임을 원하고 있었다는 증거다. 가타야마는 충격을 받았을 것이다.

당시의 가타야마의 심경을 측근은 이렇게 추측했다.

도표 1-2 주가 추이

"가타야마 씨는 정말 분했을 겁니다. 퇴임 회견에서 침착하게 말을 이어나갔지만 대표권이 없는 회장으로 물러나는 이유를 묻는 질문에 '새 사장이 일하기 쉬운 환경을 만들어주려고 고심했다'고 대답했지요. 회장인 마치다 씨가 은연중에 힘을 발휘하는 현 체제가 불만스러웠을 겁니다."

그리고 이런 말도 했다. "하지만 가타야마 씨가 간단히 끝날 리가 없습니다. 오쿠다 같은 사람에게는 경영 책임자로서의 자격이 없다고 생각했으니까요."

가타야마는 속을 터놓고 지내는 부하들에게 이렇게 말했다. "이대로 퇴장할 마음은 없어. 계속해서 일할 생각이다." 가타야마는 그 말을 증명이라도 하듯이 다시 움직였다. 그리고 마치다와의 대립은 더욱 격화되었다.

원통한 표정으로 사장 퇴임을 발표하는 가타야마(좌)(2012년 3월).

제2장

실력파 회장의 오산

대표이사 '부장'

2012년 4월, 프린스였던 가타야마 미키오가 대표권이 없는 회장으로 물러나고 그 뒤를 이어 제6대 사장으로 취임한 인물이 오쿠다 다카시였다. 최고 권력자였던 회장 마치다 가쓰히코가 단행한 경영진의 인사는 결과적으로 실패로 끝나게 된다.

이 해에는 실적 침체 때문에 텔레비전 3강이 모조리 사장 교체를 단행했다. 소니는 미국의 게임 사업에서 두각을 드러낸 히라이 가즈오였다. 파나소닉은 전 회장인 나카무라 구니오가 '논리적인 사고'와 '대담한 직언' 때문에 일찌감치 사장 후보로서 찍어둔 실력자 쓰가 가즈히로가 승격했다. 두 회사 모두 새 사장으로 '알짜배기 에이스'를 기용했다.

한때 세계를 석권했던 일본의 가전회사가 정말로 부활할 수 있을까? 그것은 회사 재건이라는 임무를 짊어진 새 경영진의 역량에 달렸다. 거액의 적자로 침체된 3사는 궁지에 몰렸고, 일본에서 전기산업의 불이 꺼지기 일보직전이라는 말까지 나왔다.

소니의 히라이나 파나소닉의 쓰가와 비교하면 샤프의 오쿠다는 완전히 무명이었다. 오쿠다가 사장 후보로서 언급된 적은 지금까지 한 번도 없었다. 결과적으로 오쿠다는 1년이라는 단기정권으로 끝났으나, 샤프는 재건을 위해 쓸 수 있는 귀중한 시간을 낭비했다. 준비가 하나도 되어 있지 않은 오쿠다가 최대의 경영위기에 처한 회사를 재건할 것이라는 기대를 품기란 처음부터 무리한 일이었다.

오쿠다의 인품을 잘 아는 샤프의 간부는 이렇게 말했다.

"마음가짐을 보자면 오쿠다 씨는 대표이사 사장이 아니라 항상 대표

실적의 하향수정을 발표하는 오쿠다 사장(2012년 8월).

이사 부장입니다. 사장 취임의 기자회견에서도 '자신이 사장에 적임일지 놀라서 말문이 막혔다'고 말했습니다. 그건 겸손을 떤 것이 아니에요. 본인도 아마 사장이 될 줄은 꿈에도 생각해본 적이 없을 겁니다."

　오쿠다는 전임의 가타야마보다도 네 살 연상인 쉰여덟 살이었다. 전자부품의 조달 외에 공장이나 판매회사를 설립하는 등 해외 경험도 풍부했다. 그리고 간부 후보의 등용문이자 텔레비전 등을 총괄하는 엘리트 부문, 즉 AV시스템사업 본부장도 맡았다. 그 다채로운 경력만 보면 가타야마 다음에 사장이 될 만한, 촉망받은 전형적인 에이스처럼 생각되었다.

　그러나 오쿠다라는 인물을 한마디로 표현하면 '성실한 실무자'라는 표현이 딱 들어맞는다. 공장 시찰을 나갈 때마다 완제품을 보관하는 창고를 시작으로, 생산 공정을 역순으로 살펴보는 독자적인 방법으로 문제점을 하나하나 찾아냈다. 오쿠다의 말에 따르면 최종적인 출하대수와 공정 간에 있는 재고 차이를 한 눈에 알 수 있고, 생산 라인의 문제점을 즉석에서 파악할 수 있는 방법이라고 한다. 좌우명이 '현장주의'라는 것도 납득이 간다.

"하고 있는 중이라고 말하지 말라." "말만 앞세우지 말라." "남에게 떠넘기지 말라." "도중에 팽개치지 말라." "문제를 뒤로 미루지 말라."

사장으로 취임하자마자 오쿠다는 사내의 인트라넷에 '행동십계'라고 이름 붙인 자신의 모토를 올렸다. 10개조는 어느 것이나 평이한 단어라 알기 쉽고, 샤프뿐만 아니라 사회인이라면 누구나 할 것 없이 고개를 끄덕거릴 만한 내용이다. 오쿠다가 지금까지 회사원 인생을 어떻게 걸어왔는지 금방 알 수 있다. 오쿠다는 누구보다도 근면성실하게 살아온 것이다.

"우리는 평범한 회사가 아니다"라고 공언하며 회사의 현 상황을 전부 부정해서 사내의 위기감을 의도적으로 부추긴 파나소닉 사장 쓰가의 언동과는 차이가 크다.

오쿠다가 조달 담당일 때 친하게 지냈던 교토의 부품업체 간부는 "2차를 가서 취미인 피아노를 치던 모습밖에 떠오르지 않습니다. 무척 인상이 희미한 사람이었죠"라고 말했다. 존재감은 없지만 주어진 임무를 묵묵히 해내는 오쿠다는, 그 언동이나 화려한 행동거지 등으로 카리스마성을 발휘한 가타야마와는 대조적이었다. 나쁘게 말하면 스탠드 플레이가 없는 '예스맨'으로, 회장이었던 마치다를 비롯한 당시의 수뇌진이 보기에는 '편리하게 부려먹을 수 있는 인물'이었을 것이다.

"가타야마인가, 가타야마가 아닌가"

그렇다면 왜 오쿠다가 사장으로 선택되었을까? 우선 당시의 샤프 사내를 단적으로 나타내는 단어가 힌트가 될 것이다. 2011년부터 샤프의 업적이 급속도로 악화되자 가타야마를 비난하는 목소리 또한 급속도로 높아졌다. 30대부터 '젊은 프린스'라고 불렸고 사장으로 취임한 다음부터는 무서울 것이 없었다. 그런 만큼 사카이 공장에 대한 투자가 실패했다는 것이 명백해지자 사내의 안티 가타야마파가 늘어났다. 마치다와 가타야마의 대립은 '공공연한 비밀'이라 두 사람의 치열한 주도권 싸움은 매스컴에게 최고의 먹잇감이었다. 하지만 많은 간부사원은 이렇게 말하고 있었다.

"샤프는 파벌 다툼에 여념이 없다는 말들을 하지만 실태는 조금 다릅니다. 가타야마인가 가타야마가 아닌가, 그뿐입니다. 파벌 다툼이란 누군가 우두머리를 중심으로 복수의 집단이 권력 투쟁을 벌이는 것입니다. 샤프에서는 가타야마를 좋아하는 사람과 가타야마를 싫어하는 사람으로 뚜렷하게 나누어집니다."

다른 간부도 나지막한 목소리로 귀띔했다. "가타야마 씨는 사내에서는 두드러진 존재였죠. 가타야마 씨가 아니라면 후임 사장은 누가 되어도 상관없었던 것이 아닐까요? 가타야마 씨를 사장 자리에서 밀어내고 대표권도 없애면, 아무리 카리스마가 있다지만 아무런 권한도 없잖아요. 그런 다음 경영은 자신들이 '섭정'이 되어 예스맨을 조정하면 그만이니까요. 그것이 상담역으로 물러난 마치다 씨 패거리의 속셈이었을 겁니다."

마치다는 사장과 회장으로 재임하던 당시, 인재육성에 대한 질문을 받으면 항상 이렇게 대답했다. "간부에게는 T자형 인간이 어울린다." T자형이란 종적으로는 깊은 전문성을 갖추고, 횡적으로는 다양한 부문을 경험하여 시야가 넓은 인간을 말한다. 그런 의미에서 보면 오쿠다는 마치

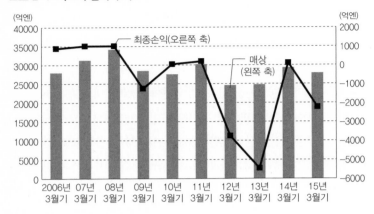

도표 2-1 샤프의 업적 추이

다가 원하는 전형적인 'T자형' 인간이었다.

그러나 2007년, 가타야마가 40대에 사장이 되자 '최저 10년은 가타야마 체제가 이어진다'는 것이 사내의 암묵적인 의견이 되었다. 겉으로는 임원진들이 다양한 부문을 경험할 수 있도록 조치하더라도, 아무리 높이 승진해봤자 부사장 자리가 한계라는 뜻이었다. 부사장은 일반 사원이 보기에는 까마득히 높은 존재지만 조직의 정점은 아니다. 사장을 보좌하는 '참모' 중에서 꼭대기에 불과하고, 최종 결정권을 가진 유일무이한 존재와는 짊어지는 책임이 전혀 다르다.

가타야마의 라이벌

오쿠다가 사장이 될 운명이었다고 한다면, 그것은 2001년에 만난 어느 인물과의 인연 때문이라고 할 수 있다. 오쿠다는 그해 텔레비전 등을 다루는 중요 부서인 영상기기사업 부장이 된다. 그 직속상사인 AV시스템사업 본부장이 훗날 부사장이 되는 하마노 도시시계였다. 마침 브라운관의 교체로 액정 텔레비전 시장이 급속히 확대되고 있을 무렵이다. 두 사람은 콤비를 짜고 탑 브랜드인 '아쿠오스'를 엄청나게 팔았다.

어느 임원은 이렇게 말한다.

"하마노 씨는 마치다 씨 다음에 자신이 사장으로 지명될 것이 틀림없다고 기대하고 있었습니다. 젊고 야심만만한 가타야마 씨에게 심한 라이벌 의식과 질투심을 품고 있어서 가타야마 씨가 사장으로 취임한 후에도 여전히 다음 대를 노리고 있었죠. 자신이 가타야마 씨와 함께 부사장에서 퇴임하게 되어서야 겨우 '자신의 차례는 없다'는 것을 깨달았습니다. 그래서 하마노 씨가 마치다 씨에게 '다음 사장으로 오쿠다를 앉히라고' 강력하게 진언했다고도 하더군요. 하마노 씨는 부사장에서 물러나도 부하였던 오쿠다 씨를 통해서 영향력을 행사할 수 있다고 생각했습니다. 마치다 씨도 근면성실한 데다 대들지 않는 오쿠다 씨라면 다루기 쉽다고 생각했을 거고요."

오쿠다를 사장으로 앉힌 이유 중에는 실적 재건이 비교적 착실하게 진행될지도 모른다는 달콤한 기대도 있었다. 2012년 3월에는 퇴임하기로 결정된 마치다와 가타야마가 전광석화처럼 홍하이정밀공업과 자본제휴에 합의했다. 최대의 짐이었던 사카이 공장도 홍하이와의 공동운영회사로 만들어 연결자회사에서 제외하기로 타협했다. 근본적인 대책을 마련하지 못한 파나소닉이나 소니보다도 곤경에서 빨리 탈출할 수 있으리라고 보았다. 2000년대 이후, 잇달아 구조조정을 단행한 소니나 파나소닉과는 달리 샤프는 인원삭감 등을 실시하지 않았다. 그만큼 새 사장이 손

볼 일도 많았다.

그러나 결국 오쿠다는 효과적인 경영타개책을 제시하지 못하고 곤경에 처했다. 그리고 재임 1년 만에 쿠데타라는 형태로 사장, 즉 최고 권력자의 자리에서 쫓겨났다.

아직도 경영 위기에서 회복될 기색이 없는 샤프에게 '불모의 1년'이라고 불리는 오쿠다 사장의 시대는, 지금 생각해보면 돌이킬 수 없이 귀중한 시간이었다고 할 수 있다. 오쿠다의 사장 취임이 결정된 직후부터 홍하이와의 제휴 협상 등이 불발되어 샤프의 경영은 막다른 골목에 빠져 버렸다.

통째로 사겠다

2012년 5월 상순, 액정 텔레비전용 패널의 사카이 공장. 회의실에 분노에 찬 목소리가 울려 퍼졌다. "지금과 같은 주가라면 우리는 샤프 본체를 통째로 매수할 수도 있습니다." 남자가 이렇게 으르렁거리자 늘어앉은 샤프 간부들은 다 같이 움츠러들었다.

떨리는 목소리를 필사적으로 쥐어짠 한 간부가 이렇게 말했다. "말이 다르지 않습니까……? 우리는 서로 대등한 파트너라고 했잖습니까? 이렇게 나오면 이 건은 무리입니다." 샤프의 간부들에게 겁을 주는 남자의 이름은 궈타이밍(테리 궈). 타이완의 대기업 홍하이그룹을 이끄는 실력자였다.

샤프와 홍하이가 2012년 3월 27일에 발표한 자본제휴의 주축은 다음과 같다. 홍하이그룹은 2013년 3월 말까지 샤프 본체에 약 9.9퍼센트 출자해서 필두 주주가 되고, 사카이 공장의 운영회사 샤프 디스플레이 프로덕트(현재 사카이 디스플레이 프로덕트SDP)에 궈타이밍 개인이 샤프와 동률인

샤카이 공장에 휘날리는 샤프와 홍하이정밀공업의 깃발.

46.5퍼센트를 출자한다는 것이었다.

"우리와 샤프가 손을 잡으면 삼성을 이길 수 있습니다." 애플의 'iPhone' 과 'iPad'의 위탁생산업체로서 유명한 홍하이. 그 최고 경영자인 궈타이밍 의 제안으로 시작된 제휴극. '전략적인 파트너십', '일대日臺연합', '우호적인 관계'……. 긍정적인 단어로 표현되곤 하지만 제휴의 내막을 파고들어보면 처음부터 양측의 보조는 크게 어긋나 있었다. 5월 회의에서는 양측의 관계 자가 제휴에 대해서 구체적으로 의논했지만, 그날 궈타이밍의 태도는 그때 까지와는 너무나도 달랐다.

점심으로 좋아하는 대형 프랜차이즈체인점의 규동을 먹는 모습은 평 소와 똑같았지만, 우유부단한 샤프의 태도에 짜증이 난다는 것을 더 이 상 감추지 않았다. 출자 방법 등을 둘러싸고 자꾸만 결론을 서두르는 궈 타이밍에 비해서 자잘한 수속이나 체면에 집착해서 좀처럼 속도를 내지 못하는 샤프. "결정하는 데 왜 이렇게 시간이 오래 걸립니까?"

궈타이밍의 목소리는 거칠었다. "이럴 바에는 통째로 사들이겠소."

한 관계자가 그때의 상황을 회상했다. "숨기고 있었던 궈타이밍의 속셈이 그만 튀어나온 것이겠죠." 당황한 샤프 측 참석자들은 실력자인 마치다를 비롯한 수뇌진에 즉각 보고했다. "테리가 화를 냅니다. 어쩌면 좋을까요?" 샤프 측도 심하게 동요한 모양이다.

"우리는 상의하달식이지만 일본은 하의상달식입니다." 중국 상하이로 날아간 궈타이밍은 샤프와의 협상을 끝내고 얼마 안 된 5월 10일, 현지에서 열린 기자회견에서 그렇게 발언했다. 샤프와 아무 관계가 없는 회견장이었지만 샤프를 언급하면서 느린 스피드에 대한 불만을 쏟아냈다.

최저한의 체면

샤프가 끌어안은 유이자부채는 당시 약 1조 1,500억 엔. 경영 부진에 빠진 샤프로서는 홍하이가 주는 1,300억 엔이 너무나 간절했다. 그러나 한편으로는 액정 사업을 크게 키워냈다는 강렬한 자부심이 샤프에게도 있었다. 홍하이에게 어디까지 양보하면 될까? 결코 양보할 수 없는 것은 무엇일까? 샤프는 그런 갈등에 시달리고 있었다.

그런 샤프의 본심을 꿰뚫어본 것처럼 홍하이는 수단을 가리지 않고 샤프를 뒤흔들었다.

"우리 외에 비지오로부터도 얼마간 출자를 받았으면 한다." 실은 3월 말의 제휴 발표 직전에 홍하이가 샤프 측에 이런 제안을 해왔다. 사카이 공장의 운영회사인 SDP에 홍하이와 관계가 돈독한 미국의 텔레비전 제조사 비지오의 자본을 참가시키고 싶다고 주장했다.

최종적으로는 샤프의 거부로 비지오의 출자 이야기는 사라졌지만, 샤프로서는 '하위' 업체에 불과한 비지오까지 끌어들이려는 궈타이밍의 요구에 프라이드가 상해버렸다. 한 샤프 간부는 말했다. "돈은 필요하지만 우리에게도 최저한의 체면이란 것이 있다고요." 그 후로도 샤프에 대한 궈타이밍의 '공세'는 멈추지 않았다.

"난 SDP 운영에 자신이 있습니다. 거래처 2사의 출자비율을 낮추고 내 비율을 더 올려주시오." 5월 상순, 궈타이밍은 샤프에게 거듭 주장했다.

SDP가 운영하는 사카이 공장은 2009년에 거액을 투자해서 완성한 최신예의 액정 패널 거점. 세계 최대의 유리 기판을 사용하는 등 샤프 액정 기술의 정수를 모아둔 공장이다. 수급량을 잘못 예측하여 낮은 가동률에 시달렸기 때문에, 연결자회사에서 제외하고 싶은 마음이 굴뚝같았다. 그렇다고 소중한 공장을 훙하이가 좌지우지하게 두기는 싫다는 마음이 샤프에게는 있었다.

그래서 패널 부품의 주요거래처인 대일본인쇄와 돗판인쇄凸版印刷의 2사가 SDP의 주식 일부를 소유하게 한다는 안을 짜냈다. 그리고 샤프와 궈타이밍은 양측 모두 연결자회사가 성립되지 않도록 주식을 37.6퍼센트씩 소유하는 데 타협했다.

그러나 궈타이밍은 샤프 본체나 SDP에 대한 추가 출자를 포기하지 않았다. 자꾸만 앞서서 돌진했다. 6월 18일, 타이완의 신베이 시新北市의 훙하이 본사에서 열린 주주 총회 후의 기자회견에서 궈타이밍은 조금도 망설이지 않고 이렇게 말했다. "양측 모두 출자 확대에 찬성하고 있기 때문에 샤프의 주식을 더 사들일 수 없는지를 놓고 협의 중입니다."

그 발언은 세계로 퍼졌다. 아닌 밤중에 홍두깨 같은 소식에 샤프는 크게 당황했다. 경영에 깊이 관여하여 재판소에 회사 해산을 요청할 수 있는 권리가 발생하기 때문에, 훙하이가 10퍼센트 이상 출자하는 사태는 피하고 싶다는 것이 샤프의 본심이었다.

그날 샤프는 예상치 못한 궈타이밍의 발언을 공식적으로 부정하지는 않았지만, "그런 협의는 한 적이 없다"고 각 매스컴에 전화를 걸어 진화 작업에 나섰다.

어떤 샤프 사원은 이렇게 고백했다. "간부들의 설명은 허세로 가득합니다. 만약 홍하이에 흡수된다면 어떻게 될지 불안합니다."

협상 자리에 참석한 것은 극히 일부분의 경영 중추의 간부들뿐. 그 외의 사람들은 협상 내용을 알 길이 없었다.

예를 들어 이런 사건도 있었다. 5월에 샤프 본사에서 열린 이사회. 참석한 임원들에게 배포된 참고자료에서 다급하게 어떤 항목이 전부 삭제되었다. 그것은 사카이 공장은 물론 샤프가 해외에 세운 텔레비전 조립 공장까지 독점 관리하는 지주회사를 설립한 후 홍하이와 공동운영한다는 구상이었다.

샤프로서는 최신예의 사카이 공장에 궈타이밍이 출자하는 것만도 충분히 충격적이었다. 그런데 국내외의 공장을 전부 홍하이와 공동운영하겠다니, 지나치게 자극적인 이야기였다. 그렇게 판단한 한 간부의 지시로 이 구상에 관한 항목은 이사회 직전에 지워졌다. "궈타이밍과 협상하고 있는 일부 임원들은 이미 알고 있는 내용이겠지만 그 외의 간부들에게는 금시초문이지요. 궈타이밍의 빠른 협상 속도를 따라가지 못하는 사람이 많아서 반발이 심할 것이라고 예상했기 때문입니다" 하고 어느 중견간부가 설명했다.

의견 차이

하나를 보면 열을 알 수 있다고, 양측의 의견은 계속 어긋났다.

6월 8일에 샤프는 경영전략 설명회를 열었는데, 처음에는 홍하이와의 구체적인 제휴 내용을 담은 성장전략을 '5월 말까지 발표할' 예정이었다. 그런데 홍하이와 의견이 맞지 않아서 결국 6월로 연기되었다.

자꾸만 홍하이의 페이스에 말려드는 샤프. 이런 사태가 초래된 배경에는 자금 조달이 원활하지 못한 상황으로 스스로를 몰아간 경영 실책이 있다. 액정 패널 사업에 거액을 투자한 것은 텔레비전의 판매 부진 때문에 실패했지만, 이유는 그것만이 아니었다.

2007년 샤프는 414억 엔을 투자하여 파이오니아의 주식 약 14퍼센트를 취득(현재는 전부 매각)해서 필두주주가 됨과 동시에, DVD나 카 일렉트로닉스 분야 등에서 자본 업무를 제휴하기로 결정했다.

제품개발의 효율화가 목적이었으나, 당시의 파이오니아는 지금의 샤프처럼 텔레비전용 플라스마 패널에 대한 투자가 부담이 되어 경영난이 시작되고 있었다.

결국 제휴 후 고작 1년이 지난 2009년 3월기, 샤프는 파이오니아의 주식을 중심으로 유가증권 평가손으로 498억 엔을 계상한다. 특허 사용 등으로 상호 협력하는 것 외에는 제휴 효과가 거의 없었다.

잇따른 적자로 심각한 부진에 빠진 태양전지 사업도 여전히 근본적인 대책은 세우지 못한 상태였다. 샤프가 맺은 실리콘 조달 계약이 변함없이 "아킬레스건이다"라고 어느 간부가 밝혔다.

안정적인 조달을 중시해서 이례적인 장기계약을 맺었지만, 그 후 시장 동향을 제대로 읽지 못해서 결과적으로 고가로 계속 조달해야 하는 사태를 초래했다. "계약을 파기하면 거액의 위약금을 지불할 가능성이 있습니다."(샤프 간부) 6월 8일에 매스컴이나 애널리스트를 대상으로 열린 경영전략 설명회의 자료는 13페이지에 달했지만, 당시 일본내 시장점유율 1위를 자랑하는 태양전지에 관한 설명은 한 줄도 없었다. 태양전지 사업을 담당하는 사원은 한탄했다. "전략 설명에 태양전지에 대한 이야기가 나오지 않다니 이제는 필요 없는 사업이 되었나 생각했습니다."

페리가 아닌 테리

사실 샤프가 훙하이에게 접근해서 친분을 다지기 시작한 것은 최근의 일이 아니었다. 이미 10년도 더 전의 일이었다.

2000년 전후로, 샤프는 노트북 생산을 해외에 외부 위탁하고자 한창 발흥하고 있던 타이완 업체를 물색하고 있었다. 그중 하나가 훙하이였다. "아직 젊었던 궈타이밍이 '우리는 단순히 조립만 하다 끝낼 마음은 없다. 그 상류에 있는 소재나 장치, 첨단기술을 배우고 싶다'고 말했던 것을 지금도 잊을 수 없습니다."(샤프의 전 간부)

당시의 샤프는 수많은 하청업체 중에서 훙하이를 선택하는 입장에 있었다. 그것이 훙하이의 출자 없이는 미래를 거론할 수 없는 지경까지 몰렸다. 겨우 10여 년 사이에 모든 것이 뒤집혀버렸다.

6월 6일 밤, 1년에 걸쳐 훙하이와의 협상을 주도했던 마치다가 오사카 시내의 강연장에서 이렇게 말하기 시작했다.

"2011년 5월경에 샤프의 상품 조립을 의뢰할 목적으로 테리와 처음으로 만났습니다. 처음에는 EMS라서 싼 인건비로 대량 생산할 뿐이라고 생각했는데, 테리와 대화를 나눠보니 제조업에 대한 사고방식이 일치한다는 느낌이 들었습니다. 그 후 홍콩이나 상하이의 호텔, 테리의 자택

등에서 한 달에 한 번 페이스로 만나기로 했습니다. 그러다 부품의 공동 조달이 가능하지 않을까, 그러면 설계도 공통화하지 않으면 안 된다는 등 이야기가 점점 발전했습니다."

"하지만 사원들은 그럴 마음이 없었습니다. 이래저래 고민하는 동안 사카이 공장의 조업도操業度가 오르지 않아 문제가 다급해졌습니다. 어떻게든 해결해야 한다는 생각에 작년 말 테리와 만나 사카이에서 생산하는 패널의 절반을 구입해달라고 제안했더니 테리가 오케이, 사겠다고 했습니다. 그 증거로 사카이의 주식을 절반 넘기는 것으로 이야기가 정리되었습니다."

그리고 계속해서 말을 이었다.

"세계 최대의 액정 패널 공장을 제대로 활용하지 못하는 것은 말이 안 된다고 생각하던 참에, 테리가 '소생시킬 방법이 있다'면서 다양한 제안을 해왔습니다. 그래서 '이 사람에게 한번 걸어보자'고 생각했습니다. 결과가 어떻게 나올지는 모르겠지만 상호 보완관계가 성립하리라 확신하고 있습니다. 신문에서는 곧잘 훙하이에게 빼앗길 것이라고 떠들지만 자본을 투자받아야 장기적인 관계를 유지하기 쉽습니다. 이런 결단에 망설임이 없었다고 말하면 거짓말이겠지요. 하지만 에도시대 말기에 흑선을 타고 페리가 온 덕분에 일본은 청일전쟁과 러일전쟁에서 이길 수 있었습니다. 우리에게는 타이완에서 테리가 찾아왔습니다. 우리와 테리가 손을 잡으면 다음 전쟁에서도 승리할 수 있을 것 같았습니다. 기업문화의 차이 때문에 긴장감이 높아지고 있지만 덕분에 사내가 활성화되었다고 생각합니다."

주주의 불만 속출

그러나 마치다가 제휴의 꿈을 늘어놓아도 주주들이 잠자코 있을 리가 없었다. 2012년 6월 26일, 오사카 나카노시마中之島의 오사카국제회의장에서 정기주주총회가 열렸다. "사장단은 적자에 대해 어떻게 설명할 작정인가?" "어떻게 경영했길래 이런 사태가 되었나?" 개회시간인 오전 10시가 되기 전부터 주주들은 불만이 가득한 표정으로 입을 모아 성토했다. 창업 100주년의 기념비적인 주주총회였지만 회의장의 분위기는 예년보다 무거웠다.

"기대에 부응하지 못해서 진심으로 죄송합니다. 실적을 회복하기 위해서 부단히 노력하고 있습니다." 회의 벽두부터 의장인 가타야마가 사죄하자 전 임원이 자리에서 일어나 주주들에게 머리를 깊이 숙였다.

그래도 거액의 적자를 낸 경영진들에 대한 주주의 분노는 가라앉지 않았다. "이만큼의 적자가 나는 바람에 샤프의 상장폐지 여부까지 논의되고 있는 상황입니다. 액정 패널에 대한 과잉투자는 어떻게 되고 있습니까?" "사장은 지금 자신들이 옳다는 식으로 발언하고 있는 것인가?" 격렬한 질문과 의견들이 차례차례 터져 나왔다.

"당시는 액정 텔레비전에 대해 온갖 리서치회사의 데이터를 참고하면서, 수요는 스스로 만들어내는 것이라는 판매회사의 견해도 맞추어가며 수요를 예측했습니다. 그러나 리먼 사태나 엔고, 세계적인 소비 마인드의 침체로……." 사장으로서는 처음으로 주주총회에 나온 오쿠다도 단상에서 변명을 늘어놓느라 바빴다.

그런 가운데 홍하이의 궈타이밍이 "샤프에 대한 출자 비율을 높이고 싶다"면서 '입에 발린 소리'를 계속하자 "더 이상의 출자를 받아들일 생각은 없다"고 딱 잘랐다.

막판의 캔슬

그로부터 2개월 후인 8월 30일. 궈타이밍이 다시 사카이 공장에 나타났다. 이번에는 시찰하러 온 타이완 당국의 요인들에게 자식 자랑을 하는 팔불출처럼 만면에 미소를 띠고 제조 라인을 안내했다.

사실은 이 날, 궈타이밍은 사카이 공장에서 오쿠다를 비롯한 샤프의 수뇌진과 제휴에 대한 세부적인 회의를 가진 다음 기자회견을 열 예정이었다. 이 날 샤프와 홍하이가 틀림없이 제휴에 합의하리라고 예상한 일본과 타이완의 기자들이 사카이 공장으로 몰려들었다. 궈타이밍과 샤프의 간부들을 찍으려는 헬리콥터도 상공에서 대기 중이었다.

그러나 아무리 기다려도 궈타이밍이 나타날 낌새가 없었다. 그 무렵 샤프와의 회담을 막판에 취소한 궈타이밍은 이미 공장을 떠나 타이완으로 돌아갈 준비를 하고 있었다.

오후 3시, 궈타이밍 대신 기자회견장인 회의실에 나타난 사람은 홍하이의 넘버 2이자 부회장인 다이정우戴正吳였다. "궈타이밍은 일단 귀국하게 되어서 부회장인 제가 대신 나왔습니다. 궈타이밍도 방금 전에 사카이 공장을 떠났습니다. 확실한 것은 알 수 없지만 적어도 오늘 안에 돌아오는 일은 없을 겁니다. 결코 여러분을 초대해두고 일부러 캔슬하는 것이 아닙니다. 대단히 죄송하게 생각하지만."

그리고 샤프와 홍하이의 제휴 협의가 어떻게 되었는지에 대한 질문에 빠르게 말을 이었다.

"양측의 제휴는 결코 실패해서는 안 됩니다. 부담이 크지만 반드시 성공시켜야만 한다는 점을 이해해주시기 바랍니다. 협상은 아직 최종 단계에 들어가지 않았고, 여전히 협의 중입니다. 타이완과 일본의 산업 제휴는 반드시 성공하지 않으면 안 됩니다. 서두르다가는 일을 그르칠 수 있습니다. 인내심을 가지고 기다려주십시오." 궈타이밍이 오쿠다와 만난 적이 있는가라는 질문에 "3월부터 지금까지 궈타이밍과 오쿠다 사장이 직접 만난 적은 아직 없습니다"라고 밝혔다.

당황한 것은 샤프였다. 대변인인 오니시 데쓰오大西徹夫 이사는 기자단에게 "궈타이밍의 일본 방문 기간 중에 오쿠다와의 최고 경영진 회담이 예정되어 있었지만 실현되지 않았다"고 설명했다. 오쿠다는 대신 부회장인 다이정우와 협상했다고 말하고 "타이완에서 해도 상관없으니 최대한 빨리 최고 경영진 회담 일정을 잡고 싶다"고도 말했다.

최고 경영진 회담을 막판에 취소한다——. 상식적으로는 도저히 생각할 수 없는 궈타이밍의 무례한 태도에는 우유부단한 샤프에 불신감을 품고 있다는 것이 고스란히 드러났다. 궈타이밍은 내심 이렇게 생각했을 것이다. "오쿠다 씨, 아무것도 결정하지 못하는 당신과 대화해봤자 의미가 없소이다."

컨설팅 회사에 책임 전가

홍하이와의 협상에서 완전히 무시당해 체면을 구긴 오쿠다는 그 후로도 사내에서의 구심력을 전혀 높이지 못했다. 홍하이와의 자본 제휴 협상은 마치다가 주도한 것이었는데, 협상이 교착되자 본사에 얼굴을 내미는 일이 적어졌다. 외부는 물론 사내에서도 리더가 누구인지 분명하지 않은 상황이 되었다. 회사의 장래가 걱정되는지 상담역인 쓰지 하루오가 본사를 방문하는 날이 늘어났다.

주거래은행이 내놓은 융자 조건은 영업 흑자화와 2014년 3월기 이후의 최종손익의 흑자화였다. 엔저 효과도 있어서 과거에 비해서 주가가 회복될 만한 환경이 갖추어졌다. 2013년 2월 초순에 발표하기로 예정된 새 중기경영계획의 성패는 벼랑 끝에 몰린 샤프에게 무척 중요한 의미를 가졌다. 그러나 중기경영계획의 책정을 주도하는 것은 오쿠다를 비롯한 경영진이 아니었다. 외부의 경영 컨설팅 회사였다. "사원의 사기를 생각해라" "고액의 비용에 지불할 만한 가치가 있는 것인가?" 사원들은 불만의 목소리를 드높였다.

사원들이 기가 막혀 하는 것도 무리는 아니다. 2분기 연속으로 거액의 적자를 피할 수 없다는 것이 명백해진 여름 이후, 컨설팅 회사가 잇달아 본사를 방문하여 "상세한 내부 자료를 제출해 달라고 자꾸만 요구했다"(샤프의 관계자)고 한다. 정작 사원들은 소외되는 분위기였다.

제일 먼저 샤프 본사에 들이닥친 것은 세계적인 회계감사기업인 영국의 프라이스워터하우스쿠퍼스PwC 계열의 컨설팅 회사. 8월 2일에 실적을 하향조정한 직후 샤프는 PwC와 계약. 자산 사정이나 사업 매각 등 재건안을 작성했다.

샤프가 다음으로 의뢰한 회사는 외국계 컨설팅 회사인 코퍼레이트 밸류 어소시에이츠CVA. 게다가 10월에는 IR(투자자관계 기업홍보활동) 전략 등을 의뢰하기 위해서 프론티어 매니지먼트(도쿄 지요다千代田)와도 계약을 맺었다. 산업재생기구에서 '다이에'나 '가네보' 같은 기업을 재생시킨 '재건의 프로', 오니시 쇼이치로大西正一郎와 마쓰오카 마사히로松岡真宏가 설립한 회사다. 더불어 홍보 전략을 위해서 다른 컨설팅 회사와도 계약했다.

그리고 이번의 중기경영계획 책정에 관여한 것이 보스턴 컨설팅 그룹. 여름 이후 연달아서 5개의 컨설팅 회사와 계약을 맺은 셈이 된다.

마치다가 주도한 홍하이와의 제휴 협상이 난항을 겪기 시작했을 무렵과 경영 컨설팅이 잇따라 샤프에 드나들기 시작한 시기가 겹쳐진다. 실력자인 마치다의 영향력 저하, 경험이 부족한 오쿠다를 비롯한 경영진이 안고 있는 불안……. 권력 기반이 크게 흔들리는 상황이 여러 경영 컨설팅 회사를 끌어들이는 결과를 초래했다고 말할 수 있었다. 이래서는 냉정한 경영은 기대할 수 없다.

"도가 지나칠 정도로 경영을 외부에 위탁하고 있습니다."

사내에서도 자조적인 목소리가 새어나왔다.

틀어박힌 사장

기업이 재건계획을 책정할 때 컨설팅 회사와 계약하고 조언을 구하는 것 자체는 별로 신기하지 않다. 다만 이렇게 많은 컨설팅 회사에 의뢰하는 것은 이상사태라고 할 수 있었다. 샤프 수뇌진이 느끼는 위기감의 표현인지 많이 불안하다는 증거인지…….

그 배경으로는 사장으로 긴급 등판한 오쿠다가 잇따른 실적의 하향조정을 외부에 설명하는 등 경영환경의 악화에 대응하느라 바빠서, 아직 회사를 완전히 장악하지 못했다는 속사정이 있었다. 이를 뒷받침하는 사건도 일어났다.

중간결산발표를 앞둔 10월 하순의 회의. "30억 엔의 위약금을 지불하고 태양전지의 원료 조달 계약을 파기하고 싶다"는 간부의 보고에 참석한 다른 임원들은 놀랐다.

샤프는 태양전지 원료인 실리콘 약 300억 엔어치를 중국기업으로부터 조달하는 장기계약을 맺고 있었는데, 이 때문에 시장 가격이 하락한 상태에서도 비싼 가격으로 조달해야만 했다. 장기계약을 계속 유지하면 태양전지 사업의 경쟁력이 떨어질 수밖에 없었다.

"약 30억 엔의 위약금을 지불하더라도 시장 가격에 맞춰서 실리콘을 조달하는 편이 이득"이라고 설명했지만, 지금까지 그런 이야기가 공식적으로 논의된 적은 없었다.

과거에 맺은 실리콘 조달 계약을 전부 재검토해본 결과 조달액의 합계는 약 3,000억 엔. 실리콘의 시장 가격은 피크였던 2008년의 리먼 사태 전과 비교하면 20분의 1 이하까지 하락했다. 비싼 원료조달계약을 맺고 있었던 것이 일본내 시장점유율이 1위인 태양전지 사업에서 적자가 계속되는 커다란 원인이었다.

이 위약금 지불이 표면화될 때까지 "경영진은 태양전지 사업에서 적자가 나는 본질을 다 파악하지 못하고 있었기 때문에 근본적인 대책을 세우지 못했다"(중견 간부)고 말했다.

샤프는 이 시기에 미국의 반도체기업 퀄컴의 출자를 받기 위해서 비밀리에 움직이고 있었다. 홍하이와의 자본 제휴 협상이 어떻게 될지 불투명해진 샤프로서는 오랜만에 밝은 소식이었다.

그러나 협상을 진두지휘하고 있었던 사람은 회장인 가타야마이지 오쿠다 사장이 아니었다. 오쿠다는 공장 등 사업소를 도는 것 외에는 임원실이 있는 본사 2층의 "개인집무실에 틀어박혀서 부하가 내미는 자료를 펜으로 수정을 하는 일이 많았다"(사내 관계자). 직위고하를 막론하고 수뇌진들이 재건을 위해서 동분서주하고 있는 것처럼 보였지만, 경영자가 무엇을 하고 있는지 알기 어려운 상황이었다.

오쿠다에 가타야마, 마치다, 쓰지……. 한 거래처의 수뇌도 "지금의 샤프는 누구와 대화를 해야 업무를 진행할 수 있는지 전혀 알 수 없다"고 중얼거렸다. "샤프의 '얼굴'이 안 보인다……." 오쿠다는 급격한 경영환경의 악화 때문에 충분한 준비기간도 없이 사장 자리에 앉았다는 속사정이 있었다. 이래서야 사내의 사기가 높아질 리가 없다.

홍하이의 교란작전

이런 샤프의 상황을 꿰뚫어본 것처럼 홍하이는 자꾸만 샤프를 흔들어댔다. "그 이야기는 백지로 돌리겠다." 그 가을, 궈타이밍의 갑작스런 통보에 샤프 경영진은 당황했다.

그 이야기란 홍하이그룹이 중국 청두成都에 건설할 계획인 스마트폰용 액정 패널 공장에 샤프가 생산 기술을 공여한다는 안건. 샤프는 기술 공여의 대가로 3회에 걸쳐서 약 500억 엔을 받기로 대략 합의가 되었는데, 갑자기 백지로 돌린 것이다.

샤프 간부는 목소리를 낮추며 "우리 약점을 잡은 테리의 교란작전. 보다 유리한 조건으로 재계약하려는 속셈이 아닐까요?"라고 짐작했다.

이것만이 아니다. 최신의 고기능 액정 패널 '이그조IGZO'의 기술 공여나 장기간 축적해온 패널 관련 기술의 공개 요청, 샤프 주식 취득액의 인하 요구……. 2012년 3월의 자본 · 업무 제휴 발표 때에는 "한국의 삼성전자에 대항할 수 있는 전략적 파트너십"이라고 서로 추켜세웠는데, 샤프의 경영이 혼란스럽고 곤경에 빠질수록 훙하이의 요구 조건은 점점 늘어났다. "리더가 없다고 본 훙하이의 요구는 가혹해져갔다"고 관계자는 지적한다.

훙하이는 샤프의 증자를 수용하여 9.9퍼센트를 출자하기로 2012년 3월에 합의했다. 당시의 주가로 계산하면 샤프는 670억 엔을 손에 넣을 수 있지만, 합의했을 때에 비해 샤프의 주가가 큰 폭으로 하락하는 바람에 훙하이의 샤프 본체에 대한 출자는 아직도 실현되지 않았다. 지불 기한은 2013년 3월. 그때까지 훙하이의 요구가 점점 늘어나리라는 것은 불을 보듯이 뻔했다.

희망퇴직 쇄도

2012년 12월 15일. 창업 100주년이라는 기념비적인 해에 샤프는 전후의 혼란기를 제외하고는 처음으로 대규모적인 조기희망퇴직을 실시했다. 여기에 예상 정원 2,000명을 훨씬 넘는 사원들이 응모했다. 예정 기한보다 일찍 모집을 마감하고 일본내 종업원의 10퍼센트에 해당하는 2,960명이 샤프를 떠났다. "기념비적인 해가 이리 돼버리다니……." 남은 사원들은 깊은 한숨을 내쉬었다.

오쿠다는 11월 1일의 기자회견에서 경영 재건이 지연되는 것을 질타하는 보도진에게 "여러 차례 실적을 하향조정하여 신용을 잃어버린 점에 대해서 깊이 반성하지 않으면 안 됩니다. 중요한 것은 실적과 신뢰의 회복입니다. 객관적인 의견을 수용하여 사업의 잠재적 리스크를 재검토한 다음 경영 계획을 책정했습니다. 실적 회복을 위해서 부단히 노력하여 신뢰를 회복하고 싶습니다"라고 대답했다.

또한 "샤프는 많은 기술을 보유하고 있습니다. 다만 이런 자산을 잘 활용하여 확실하게 수익으로 연결시키는, 바이탈리티가 넘치는 기업은 되지 못했습니다. 마음 먹은 일을 끝까지 해내고 문제가 있으면 민첩하게 궤도를 수정할 수 있는 회사가 되고 싶습니다"라고 강조했다.

경영 판단을 내리는 속도가 느리다는 지적에 대해서도 "느리다고는 생각하지 않습니다"라고 반론했지만 회사를 떠난 사원들로부터는 "회사를 어떻게 재건할 것인가? 경영진의 의견을 좀 더 듣고 싶었다"는 목소리가 새어나온다.

어느 사외이사는 말했다.

"오쿠다는 사장의 그릇이 아닙니다. 사람의 마음을 휘어잡질 못해요. 결단을 내리지 못하니까. 그 사람은 앞으로 나아갈 때 결단을 내리지 못합니다. 아래쪽에서부터 바꾸지 않으면 안 된다는 의견이 있어요. 만약 경영진을 쇄신할 수 있다면 샤프로서는 지금까지의 역사를 타파할 수 있는 대변혁일 겁니다."

오쿠다를 비롯한 사장단이 홍하이와의 협상 등에 우왕좌왕하느라 샤프의 실적도 전혀 상향되지 않았다. 현재 상황을 하나도 타개하지 못하는 오쿠다, 섭정의 포석을 깐 마치다 일파에 대한 거센 불만이 사내에서 터져 나오고 있었다. 샤프는 가타야마 일파가 주도한 쿠데타 때문에 또 다시 인사 항쟁의 격전지가 되고 만다.

제3장

복수의 쿠데타극

퇴임 기사

2013년 5월 5일 나라 시의 한산한 주택가에 있는 샤프 회장 가타야마 미키오의 자택, 통칭 '액정저택'에는 새벽부터 많은 보도진이 몰려들어 삼엄한 분위기가 감돌고 있었다. 이 날 요미우리読売신문의 조간 1면에는 '샤프 가타야마 회장 퇴임, 오쿠다 사장에게 권한 집중'이라는 타이틀의 기사가 게재되었다.

2007년 마흔아홉 살에 사장으로 취임한 지 6년. 2012년 4월에는 실적 악화를 이유로 대표권이 없는 회장으로 추대되며 공식 무대에서 사라졌어도 '샤프의 얼굴'은 역시 가타야마였다. 후임 사장인 오쿠다 다카시는 수완을 발휘하지 못하고 2013년 3월기에 또다시 거액의 적자를 냈다. 그것은 가타야마를 제거한 상담역의 최고 권력자 마치다 가쓰히코에게도 커다란 오산이었다.

가타야마의 퇴임 기사는 마치다 일파가 꾸민 것이 아닌가——. 가타야마의 측근들도 기사 뒤에 가려진 진의를 추측하다가, 더 이상 빼도 박도 못할 사태에 직면했다는 것을 다시금 깨달았다.

자신의 퇴임 기사를 읽은 가타야마는 이성을 잃고 주위에 분노를 퍼부었다.

"이런 방법은 너무 더럽잖아. 지금의 체재는 썩어빠졌어. 절대로 혼자 그만두진 않을 거야. 내가 그만둘 때는 마치다나 쓰지 (하루오), 전대 부사장과 고문도 전원 길동무로 삼아주겠다. 메인 뱅크에서도 남아달라고 말리고, 샤프 이사진의 90퍼센트가 나에게 찬성하고 있어."

"실적 역시 요 1년간 완전히 바닥을 쳤잖아. 나만 책임지는 법이 어디 있나."

그리고 휴대전화를 걸어 부사장인 다카하시 고조와 부하들을 자택으로 불렀다. 놀란 부하들이 "기자들이 쫙 깔렸는데요? 그런데 가도 괜찮겠습니까?" 하고 묻자 "괜찮아, 괜찮아"라면서 깨끗이 무시했다. 그들은 간신히 기자들을 뿌리치고 가타야마의 자택으로 들어갔다. 가타야마의 자택에서 가진 회합은 같은 날 저녁에 오쿠다도 참석하기로 되어 있는 '극비회의'에 대비한 마지막 사전모의였다.

그 전날, 오쿠다는 친한 관계자에게 이렇게 털어놓았다.

"내가 계속 공을 던지게 해줄까? 걱정해봐야 소용없지만 사장은 역시 고독해. 무엇을 하든 고독하군."

기타하마의 극비회담

간사이를 대표하는 금융가, 오사카의 기타하마北浜. 5월 5일은 골든위크라서 그런지 오가는 사람들이 적었다. 기타하마의 사거리에서 5분 정도 걸어가면 있는 요정 '고린보光林坊'에 장기연휴와는 어울리지 않는 양복 차림의 남자들이 은밀하게 모여들었다.

다다미가 깔린 개인실에 들어온 사람은 사장인 오쿠다와 부사장인 다카하시 등 전원이 샤프의 간부. 긴장한 탓인지 이마에 땀이 배어나온 사람도 있었다. 가볍게 목례를 나눴지만 서로 시선을 마주치지는 않았다. 아흐레 뒤인 5월 14일에 거액의 적자 결산 발표를 앞두고 최고 간부가 전부 모인 것이다.

"사장님, 제발 물러나 주십시오." "사장님이 계시면 우리 회사는 살아남지 못할 겁니다." 가게에서 내놓는 일본요리에 감탄할 여유도 없이 방 안에는 노성이 터져 나왔다. 이 날의 안건은 딱 하나, 사장의 진퇴다. 오니시 데쓰오나 후지모토 도시히코藤本俊彦 등 이사들이 오쿠다의 사임을 요구했다.

"무슨 소릴 하는 거요?" "당신들은 아무것도 몰라." 오쿠다도 성이 나서 반론하는 바람에 회의는 좀처럼 결론이 나질 않았다. 늘어앉은 '부하'들의 집중 공격에 프라이드가 산산조각 난 오쿠다는 "적당히 좀 해!"라고 역정을 냈지만 도중에 도망치듯이 자리를 떴다.

실은 이 비밀회합에는 오쿠다에 필적하는 또 한 명의 주역이 아닌, 오히려 뜻밖의 인물이 동석하고 있었다.

주역이란, 당연히 이 날 조간에서 퇴임 소식이 보도된 회장 가타야마였다. '오쿠다 경질'을 꾸민 우두머리라고 할 수 있는 실력자다. 하지만 전날 자택의 전구를 교환하다가 발이 미끄러져 병원에 실려 갈 정도로 다쳤기 때문에 외출을 할 수 없게 되었다. 그렇지 않았다면 다른 사람들과 함께 오쿠다에게 퇴임을 요구했을 것이다.

평소였다면 대장이 없는 것이 마이너스가 되었겠지만, 이번 가타야마 부재는 훗날 관계자가 '천우신조'라고 말할 만큼 뜻밖의 효과를 불러왔다. '뜻밖의 인물'이란 바로 샤프노동조합 중앙집행위원장인 쓰다 아키이치津田秋一였다. 경영진과 대치하는 노조의 일인자가 회사의 중요 안건, 더군다나 사장 인사에 참견하는 것은 원래라면 말도 안 되는 일이었다. 오쿠다도 그것을 잘 알고 있었다.

오쿠다의 고뇌를 아는 한 간부는 이렇게 증언한다.

"가타야마 씨 밑으로 반오쿠다파의 임원진들이 뭉쳤습니다. 오쿠다 씨는 자기편이 한 명도 없으니까 이성적인 판단이 불가능했던 것이 아닐까요? 현역 사장을 무시하고 노조가 반란 측에 붙을 리는 없다고 생각해서 다른 간부들의 반대를 뿌리치고 쓰다를 요정으로 불렀습니다. 오쿠다 씨는 완전히 혼자 고립되어 있었죠."

사장의 백기

기타하마의 요정에서 회합을 가졌던 다음 날, 오쿠다는 오사카의 신사이바시心斎橋에 있는 호텔 닛코오사카日航大阪에 있었다. 기타하마와는 달리 호텔에 면한 미도스지御堂筋는 장기연휴를 즐기는 사람들로 붐비고 있었다. 오쿠다는 휴가 중인 역대 인사본부장들을 휴대전화로 다급히 라운지로 불러 모았다. 긴급히 소집한 것을 제대로 사과하지도 않고, 전날의 회합에서 있었던 일을 설명한 다음 자신의 진퇴에 대해 상담했다. 불려나온 간부들에게는 아닌 밤중에 홍두깨였을 것이다.

"다들 어떻게 생각하나?" 사장이 인사부장에게 자신의 처우를 두고 상담한다──. 일반적인 회사에서는 생각할 수 없는 일이지만, 오쿠다의 경우에는 이런 일이 평범하다고 할 수 있다. 거기 모인 사람들도 그만두는 편이 좋겠다고 설득하자 오쿠다는 "하룻밤 곰곰이 생각해보겠네"라는 말을 남기고 귀가했다.

"내가 물러나야 원만하게 마무리된다면 그러지." 오쿠다가 사장직을 사퇴하겠다고 각처에 알린 것은 다음 날인 5월 7일이었다. 12일에는 도쿄의 주거래은행을 방문해서 간부에게 새로운 경영 체제를 보고했다.

13일의 일본경제신문 석간 1면에는 오쿠다가 회장이 됨과 동시에 가타야마가 회장에서 퇴임, 그리고 다카하시가 새 사장이 된다는 기사가 실렸다.

어느 샤프의 간부는 술회했다. "지금 생각하면 가타야마가 우연한 사고로 다쳐서 회합에 나오지 못한 것이 정말 다행이었습니다. 그 자리에 가타야마가 왔다면 오쿠다와 감정적인 앙금이 남아서 결과적으로 별 탈 없이 사장 교대가 이루어지기는 힘들었을 겁니다. 가타야마에게는 미안한 말이지만 그의 부상은 우리에게 '천우신조'였어요."

복권을 노리는 가타야마

가타야마는 2012년 4월에 사장의 자리를 오쿠다에게 넘기고 대표권이 없는 회장이 되었다. 그 후로는 공식적인 무대에 나가는 것을 의식적으로 피해왔다. 그렇다고 가만히 있었던 것은 아니었다. 어느 임원은 결단력이 없는 오쿠다에게 질려서 가타야마에게 이렇게 물어본 적이 있었다. "그때 왜 오쿠다 씨가 사장이 되는 것을 막지 않았습니까?" 가타야마의 대답은 이랬다.

"내 후임은 부사장인 다카하시밖에 없다고 생각했어. 하지만 내가 회장이 되는 이상 그 아래인 사장은 누구라도 상관없어. 그래서 내 뜻을 밝히지 않았네. 하마노 (도시시계) 씨가 마치다 씨에게 오쿠다의 이름을 귀띔해둔 것도 알고 있었어. 하마노 씨가 길들인 오쿠다가 사장이 되면 원만하게 마무리되지. 그렇게 안 될 경우 하마노 씨가 내분을 일으키지 않는다는 보장이 없었어."

오쿠다가 사장으로 있던 시절에도 가타야마는 샤프의 얼굴이었다.

가타야마는 대표권이 없는 회장이 되기로 결정되자 바로 움직이기 시작했다. "샤프를 어떻게든 되살리고 싶다. 나는 일개 졸병이라도 상관없어." 해외 기업을 상대로 협상하거나 액정 사업을 재건하기 위해서 또다시 국내외를 돌아다니기 시작했다.

사장에서 퇴임한 후에도 가타야마는 '액정의 샤프'를 상징하는 에이스 기술자이자 경영자였다. 세계의 하이테크 산업계에서 가타야마의 지명도는 높았다. 물론 가타야마 본인도 강한 리더십을 발휘하지 못하는 오쿠다의 희미한 존재감을 보고, 복권하고 싶다는 마음이 고개를 치켜들기 시작했다.

2012년 8월 31일 오후 2시, 간사이국제공항. 출장에서 돌아온 가타야마가 폴로셔츠에 청바지라는 가벼운 옷차림으로 제1터미널에 내려섰다. 목적지는 샌디에이고 등 미국 서해안이었다. 그 후 12월에 자본과 업무 제휴에 합의하게 되는 미국 반도체기업 퀄컴 본사에서 최초의 협상을 벌리기 위해서였다. 마침 홍하이정밀공업의 궈타이밍(테리 궈)이 타이완의 요인들을 데리고 사카이 공장을 방문하고 있을 때였다. "어라? 가타야마 씨가 안 보이는군요?" 하고 홍하이 측이 의아해하자, 샤프 측은 "어쩌다 보니 해외 출장 일정이 겹쳐서요"라고 변명했다고 한다.

출자 협상

"이건 보통 일이 아닙니다. 무언가 있습니다." 퀄컴과의 협상은, 5월에 가타야마와 친한 다카하시가 다급히 본사에 건 한 통의 전화로 시작되었다.

다카하시는 당시 세계적으로 물량 부족이었던 스마트폰용 반도체를 공급해달라고 요청하기 위해서 긴급히 도미했다. 삼성전자나 소니 등과 비교가 되지 않을 만큼 시장점유율이 낮은 샤프이기에 차가운 거절을 예상하고 있었으나, 퀄컴의 수뇌진은 과거와 달리 정중하게 맞이해주었다. "우리를 도와줄 의향이 있을지도 모른다." 다카하시는 이것을 새로운 관계를 구축하려는 추파로 받아들였다.

가타야마는 발 빠르게 움직였다. 그로부터 4개월, 자신에게는 없는 회사의 '대표권'을 가진 다카하시를 대동하고 열 번이나 도미하여 퀄컴과의 협상을 마무리했다. 액정으로 키운 기술력을 '무기'로 활용하여 스마트폰용 차세대 패널을 공동개발하기로 합의하고, 약 100억 엔의 출자를 얻어냈다.

"반드시 이 패널로 성공을 거두겠습니다. 함께 잘해봅시다." 11월 16일 샌디에이고 본사에서 가진 오찬에서, 퀄컴의 최고경영책임자(당시의 CEO) 폴 제이콥스는 마지막에 가타야마와 굳은 악수를 나누면서 이런 말을 했다고 한다. 샤프의 간부는 말했다. "유감스럽게도 현재 우리 회사에서 해외 기업과 대등하게 부딪칠 수 있는 사람은 가타야마 뿐입니다."

삼성의 후계자

또 다른 해외기업과의 제휴도 진행되었다. 2012년 연말이 되도록 샤프의 업적은 회복할 징조가 보이지 않았다. 그런 가운데 한 남자가 가타야마와 오쿠다를 예방한다는 명목으로 샤프 본사를 찾아왔다. 삼성전자의 부회장인 이재용. 회장인 이건희의 장남으로 삼성전자의 차기 수장으로 가장 유력시되는 인물이었다. 액정을 둘러싸고 소송을 벌여왔던 양측의 수뇌가 환담을 나누는 것은 처음이었다.

"사카이에 출자하고 싶습니다. 우리 회사는 대형 텔레비전용의 패널이 부족합니다. 우리라면 잘 활용할 수 있을 겁니다." 12월 20일, 형식적인 인사가 끝난 후에 이재용은 이렇게 말을 꺼냈다. 사카이란 텔레비전용 패널을 생산하는 사카이 공장을 가리킨다. 2012년 7월에 홍하이그룹의 출자를 받아들여 공동운영으로 전환하였다.

가타야마와 오쿠다는 정중하게 거절했다. "고마운 제안이지만 사카이는 홍하이와 같이 경영하고 있어서 어렵습니다." 동석한 후지모토 도시히코 이사가 이 대화를 듣고 느닷없이 "그렇다면 샤프 본체에 출자하면 어떻겠습니까?"라고 말하자 이재용은 조용히 "생각해보겠습니다"라고 대답했다. 이것이 숙적 삼성과의 자본 제휴로 이어지는 첫 걸음이 되었다.

그로부터 2개월 반 후인 2013년 3월 6일, 샤프와 삼성은 전격적인 자본 제휴를 발표했다. 삼성이 샤프에 약 3퍼센트를 출자했다. 샤프는 삼성에게 항복했다.

삼성은 샤프만의 적이 아니었다. 소니와 파나소닉, 도시바, 히타치……. 자동차 산업과 함께 일본의 주춧돌이라고 일컬어지는 가전산업은, 삼성이라는 일개회사에 의해 디지털 제품의 세계 시장에서 밀려났다고 말할 수 있었다. 충격은 일본열도를 휩쓸었다.

분출하는 분노

바로 그날 저녁, 홍하이의 궈타이밍은 오사카의 중화요리점에 있었다. 궈타이밍은 술잔을 기울이면서 주위에 퍼부었다.

"삼성과 관계가 좋은 일본 기업은 없는데 왜 이런 짓을 하나?"

삼성의 출자 소식을 사전에 듣고 분노한 궈타이밍은 5일 저녁으로 예정되어 있던 가타야마와 오쿠다와의 회담을 직전에 취소했다. 막판의 캔슬은 2012년 8월에 이어 두 번째였다. 샤프는 다음 날 공표할 극비 자료까지 첨부한 오쿠다의 친서를 홍하이 측에 건넸지만, 궈타이밍에게서는 아무런 답변이 없었다. 이 회식도 사카이 공장의 간부들만 참석하고 샤프 관계자는 초대되지 않았다.

샤프와 홍하이는 2012년 3월, 홍하이가 샤프에 9.9퍼센트 출자하기로 합의했다. 출자 기간은 2013년 3월 26일이라 얼마 안 남았지만, 조건이 맞지 않아서 협상 타결은 이루어지기 힘든 상태였다. 궈타이밍이 샤프에게 출자하기로 결정한 '대의명분'은, 일본과 타이완이 협력하여 액정 텔레비전 등 디지털 제품의 패권을 잡고 있는 삼성의 아성을 무너트리자는 것이었다. 그런데 삼성으로부터 출자를 받는다니 샤프가 배신했다고 여기는 것도 당연했다.

특히 가타야마에 대한 분노는 엄청났다고 한다. 원래 일대日臺연합은 가타야마의 아이디어로, 경영 위기에 빠진 샤프를 부활시킬 최대의 히든카드로서 적극적으로 추진하고 있었기 때문이다.

물론 샤프 내부에서도 삼성과 가까워지는 것에 대해 여러 의견이 나오고 있었다. "삼성에서 출자를 받다니 어처구니가 없다." "거기 말고도 출자해줄 곳은 얼마든지 있잖아." 협상을 주도한 가타야마 일파가 설명한 경위를 듣고 어느 간부는 강한 거부감을 드러냈다. 일부 사외 이사들도 샤프의 경영을 악화시킨 원흉이라고 말할 수 있는 삼성의 출자에는 반대했다고 한다. 그래서 당초 삼성은 400억~500억 엔의 출자를 제안했다가 최종적으로는 약 100억 엔에서 멈추었다.

샤프는 자기자본비율도 9.6퍼센트로, 제조업에서 보통 우량하다고 보는 20~30퍼센트보다 크게 떨어지는 위태로운 상태로까지 추락했다. 이 상황을 타개하고자 홍하이와의 협상이 교착상태에 빠진 2012년 가을부터 새로운 출자처를 찾느라 동분서주했다.

미국의 인텔이나 마이크로소프트 등 국내외의 여러 IT(정보기술)기업에 자본 참가 의사를 떠보았지만 성공한 것은 삼성과 퀄컴의 두 곳뿐이었다. 두 회사 합쳐서 출자액은 약 200억 엔으로, 최저 1,000억 엔 규모의 자본 증강이 필요한 샤프에게는 "새발의 피 같은 금액"(금융 관계자)이었다. 그래도 삼성과 퀄컴과의 제휴를 마무리한 것은 가타야마의 힘이었다. 삼성과의 관계는 출자 이외의 효과도 볼 수 있었다.

이변

당시 샤프의 경영을 괴롭히는 최대의 족쇄는 주력인 가메야마 공장이었다. 가메야마에서 만드는 액정 텔레비전은 '세계의 가메야마 브랜드'로서 인기가 있었다. 하지만 최신의 중소형 패널이나 텔레비전용 대형 패널을 생산하는 제2공장의 가동율은, 중소형의 판매가 시원치 못한 관계로 30퍼센트 정도로 떨어져 있었다. 고가의 제조 장치가 많이 필요한 액정 공장은 풀가동하지 않으면 그만큼 이익이 줄어서 적자가 난다.

"2012년 12월 무렵부터 갑자기 삼성용 제품의 생산이 늘어나서 놀랐습니다." 가메야마의 관계자는 술회한다. 중소형 패널의 전용 거점이 될 예정이었던 제2공장은 태반이 삼성을 위한 텔레비전용 32인치 패널을 생산했다. 가동율은 단숨에 약 60퍼센트까지 올라갔다. 그야말로 삼성이 구세주가 되었다.

그와 동시에 옆에 있는 애플의 스마트폰 'iPhone'용 패널 전용의 제1공장에서는 생산량이 종래의 풀가동에서 급감했다. 2013년 3~4월의 생산량은 거의 제로였다.

애플용 패널은 'iPhone'의 판매 호조 덕분에 샤프의 경영을 뒷받침해왔다. 수익원의 변화로 인해 샤프가 믿을 수 있는 것은 전 세계에서 삼성밖에 없었다. 샤프의 수뇌진은 "삼성과의 제휴가 실패하면 우리 회사는 망한다"라고 말할 만큼 궁지에 몰려 있었다.

삼성의 출자가 발표된 3월 6일 오후 4시, 오쿠다가 샤프의 사내 인트라넷에 전 사원을 대상으로 긴급 메시지를 게재했다.

"출자를 한다고 해서 삼성이 경영에 관여하는 일은 없을 겁니다. 삼성과의 협업을 통해서, 사업 규모가 경쟁력을 좌우하는 액정 산업에서 당사의 장점을 최대한 발휘하고자 합니다."

삼성의 이재용은 샤프에 출자하고 얼마 안 있어, 일본의 어느 주력은행 수뇌진에게 여유로운 표정으로 이런 본심을 털어놓았다.

"일본의 기술에 흥미가 있는 것은 아닙니다. 그보다는 궁지에 몰려서 패널 등을 염가 판매한다면 시장이 혼란스러워집니다. 그렇게 되기 전에 일본 제조사가 삼성과 협력하도록 은행에서도 한 마디 해주시겠습니까? 우리는 협력을 아끼지 않겠습니다."

밀약

그러나 이 협상에는 내막이 감추어져 있었다. 아무런 이득도 없이 삼성이 제휴를 체결한 것은 신기하다고, 샤프의 관계자 사이에서도 말이 많았다.

2013년 3월 하순, 두꺼운 서류를 들춰보던 샤프 간부의 손이 멈췄다. 읽고 있는 것은 샤프가 삼성과 맺은 자본 제휴의 계약서였다. 극히 일부의 간부만이 열람할 수 있는 극비 문서에는, 양측이 공표한 삼성의 100억 엔 출자와 관련된 사항 외에 놀라운 내용이 담겨 있었다. 간부는 방에 자기 혼자 있다는 사실을 알면서도 무서워서 주변을 둘러보았다. '밀약'이었다.

내용은 크게 두 가지였다. 하나는 복사기 사업의 매각에 대한 것이었다. 계약서에는 삼성에게 '우선협상권'을 주겠다고 명기되어 있는 데다 입찰 등 구체적인 매각 작업에 들어가지 않으면 안 된다고 한다. 더욱이 그것이 실행되지 않을 경우 지불할 위약금에 대해서도 언급되어 있었다.

복사기 사업은 흑자를 내고 있는 샤프의 효자상품이다. 수익이 불안정한 액정이나 텔레비전 사업을 품고 있는 이상, 일종의 안정제로서 없어서는 안 될 존재다. 복사기 사업의 매각은 경영 상황이 악화된 전년 여름에도 검토했었다. 그러나 경영에 끼칠 막대한 영향 때문에 복수의 일본 기업이 흥미를 나타내도 결코 고개를 끄덕이지 않았다.

기계공학과 광학기술의 집약체인 복사기는 캐논이나 리코 같은 일본 기업의 독무대였다. 텔레비전이나 스마트폰 등의 디지털 제품으로 일본 제조사를 세계 시장에서 쫓아낸 한국기업이나 중국기업도 시장점유율을 거의 획득하지 못했다.

이 기술이 사업 매각이라는 형태로 삼성에 넘어가면, 자금력의 뒷받침으로 복사기의 세계지도가 뒤바뀌는 것은 시간 문제였다. 일개 기업의 흥망이란 차원을 뛰어넘어 '국익'의 손실이라고 해도 과언이 아니었다. 그 충격을 "손이 벌벌 떨린다는 말이 이런 것이구나 싶었다"고 앞에서 말한 간부는 회상했다.

또 하나는 홍하이와의 관계에 관해서였다. 샤프가 2012년 3월에 홍하이와 합의한 자본 제휴, 즉 '홍하이가 샤프에 1주당 550엔으로 9.9퍼센트 출자한다'는 조건을 일절 변경하지 않는다고 삼성과 약속했다. 또한 궈타이밍이 툭하면 요구하는 홍하이의 취득 주가의 인하와 출자 비율의 인하에는 응하지 않는다고 명기되어 있었다. 또한 노력 의무로서 홍하이와 공동운영하는 사카이 공장의 운영회사인 홍하이그룹의 소유분을 삼성에 양도하도록 샤프가 움직인다는 내용도 적혀 있었다.

삼성의 목적은 명확했다. 바로 샤프와 홍하이의 관계를 갈라놓는 것이었다. 삼성의 최대 적수는 스마트폰을 놓고 세계 정상을 다투는 애플. 애플의 스마트폰 'iPhone'에 들어가는 가장 중요부품인 액정 패널을 공급하고 있는 회사가 샤프고, 그 패널을 중핵으로 다수의 부품을 조립해서 애플에 납품하고 있는 회사가 홍하이였다.

샤프를 자사 진영으로 끌어들여 홍하이와의 사이를 갈라놓는다는 것은, 다시 말해서 iPhone을 만드는 '애플 피라미드'에 쐐기를 박는 것이나 다름없었다.

매출 20조 엔을 자랑하는 세계 최대의 전기회사 삼성. '푼돈'에 불과한 100억 엔을 빈사상태인 샤프에게 내준다는 명목하에 이런 요구까지 듣게 만들었다. 반대로 말하자면 샤프는 100억 엔이 욕심나서 삼성에게 전면적으로 무릎을 꿇었다고 할 수 있었다.

샤프는 일선을 넘어버렸다. "삼성과 관계가 좋은 일본 기업은 없다." 궈타이밍의 이 말은 그 후 현실이 된다.

마치다의 인사 개입

퀄컴에 이어서 삼성에서도 출자를 이끌어낸 가타야마는 자신감이 높아졌다. 그에 비해 오쿠다의 구심력은 급격하게 저하되었다. 샤프의 권력 중심이 어디에 있는지 모르는 사람이 없게 되었다. 회사에는 다시금 항쟁의 낌새가 감돌기 시작했다. 가타야마는 본인의 복권을 노릴 호기가 찾아왔다고 느꼈다.

2013년 3월, 4월 1일부의 임원 인사를 사전에 설명하러 간 오쿠다에게 상담역인 마치다가 한마디 붙었다. "이건 어떻게 안 되나? 중국으로 보내는 것은 안 돼." 마치다가 수락하지 않은 임원은 딱 한 명이었다. 마치다와 인척관계인 인물이었다.

당초에는 중국 사업의 총괄자로서 현지에 부임시키려고 했지만, "본사에서 멀어지면 회사 내부 사정에 어두워진다고 생각한 마치다가 반대했다"고 한다. 자신을 사장 자리에 앉혀준 뒷배인 마치다에게 저항할 수 없었는지 오쿠다는 순순히 재검토하겠다고 약속했다.

이것 때문에 거의 대부분의 임원들이 격분했다. 어느 간부는 이렇게 말했다.

"오쿠다를 포함해서 다 함께 결정한 인사입니다. 임원도 아니고 경영에 아무 권한도 없는 마치다의 한마디에 뒤집어지고, 사장이 그것을 받아들이는 것도 우스운 일이지요. 그때까지 오쿠다 경질에 찬동할 마음이 없었던 임원들도 이 일로 단번에 태도를 정했습니다."

"가까운 시일 내에 같이 식사라도 하지 않겠습니까?" 이 무렵 가타야마에게 연락을 받은 오랜 지인인 금융관계자는 고개를 갸웃거렸다. "가타야마 씨도 회장이 되어 시간적인 여유가 생겼을 텐데 무척 성급하구나." 바로 "혹시 그만두려는 건가?"하는 생각이 들었지만 "설마 회장이 된 지 1년 만에 퇴임하지는 않겠지"라면서 딱히 신경 쓰지 않았다고 한다.

"난 아주 후련한 기분입니다. 과거와 결별하지 않으면 샤프는 영원히 부활하지 못합니다." 4월 상순, 가타야마는 어느 회식 자리에서 새로운 부품제조사 간부에게 이런 말도 했다.

이 간부는 "지금 생각하면 자신의 퇴임과 맞바꾸어 사장의 목을 날리겠다는 강한 의지가 느껴졌습니다"라고 회상했다.

3대 사장인 쓰지와 4대 사장인 마치다, 두 사람 다 2대 사장이자 중흥조라고 불리는 사에키 아키라와 인척관계였다. 가타야마가 말하는 '과거'란 이런 경영 형태를 가리킨다. 오쿠다도 마치다의 꼭두각시로 가타야마 일파의 눈으로 보면 '구체제의 일원'이었다.

중립파인 간부는 말했다.

"가타야마는 자신이 다 데리고 그만두겠다고 했습니다. 가타야마는 착각하고 있는 것 같은데, 본인이 그렇게 말한다고 전원이 동조할 리는 없습니다. 결과적으로는 그렇게 될지도 모르지만 가타야마의 속셈과 오쿠다에게 실망한 사람들의 이해관계가 어쩌다 일치했을 뿐이지요."

"가타야마, 너도 빠져라"

"오쿠다를 사퇴시키려면 이사회에서 해임동의를 받는 수밖에 없다." 오쿠다와 마치다에 대한 증오가 최고조에 달했던 4월 20일, 가타야마는 오쿠다와 마치다로부터 갑작스런 호출을 받았다.

마치다는 가타야마에게 이렇게 말했다. "파나소닉의 오쓰보 후미오大坪文雄

씨가 경영 책임을 지고 회장에서 물러난다는 소식 들었을 거야. 가타야마, 자네도 빠져주지 않겠나?" 얼마 전에 가전업계의 실력자 파나소닉도 거액의 적자를 내고, 오쓰보가 1년 만에 회장에서 퇴임한다고 발표했던 것이다.

마치다 일파가 파나소닉을 예로 든 것은 두 번째였다. 1년 전 회장이 된 가타야마에게서 대표권을 빼앗을 때와 똑같은 '구실'을 대었다. 오쿠다와 마치다의 선제공격에 가타야마는 머리에 피가 솟구치는 것을 필사적으로 참으면서 대답했다. "알겠습니다. 제가 물러날 테니 사장님도 그만두십시오. 그리고 고문, 상담역 제도도 폐지하고요. 그러면 말씀대로 따르겠습니다."

서로 한 발도 양보하지 않는 바람에 결론이 나질 않았다. 그 대신 그때까지 수면 아래서 꿈틀거리고 있던 오쿠다 경질 운동이 단숨에 표면화되었다. 이것이 5월 5일의 쿠데타로 이어졌다.

다카하시 사장의 탄생

2013년 5월 14일 오후, 샤프는 도쿄역 야에스八重洲 출구 근처에 있는 고층 빌딩에서 2013년 3월기의 결산 발표에 맞춰서 사장을 교체한다는 기자회견을 열었다. 우여곡절 끝에 부사장인 다카하시가 제7대 사장으로 취임하기로 내정된 것이다.

"사장으로서 최저한의 책임을 다하지 않았나 생각합니다. 지금은 달성감마저 느껴지는데 뒷일은 새 집행진에게 부탁하려고 합니다." "현안이었던 자금 조달도 무사히 해결되어 경영 재건의 길이 열렸습니다. 희망퇴직 외에 급여, 상여금의 삭감 등 종업원들에게 고통을 분담시켰던 것을 경영자로서 깊이 반성하고 있습니다."

단상의 오쿠다와 다카하시에게 몰려든 200명의 보도진이 무수한 플래시와 질문을 쏟아냈다. 퇴임하는 심경을 묻는 질문에 오쿠다는 지금까지의 회견에서는 결코 보인 적이 없는 후련한 표정으로 말했다. 문장을 읽는 것 같은 그 언동에서는 며칠 전의 초조감은 지워지고 없었다.

다카하시도 사장 취임의 경위에 대해서 담담하게 이야기했다. "4월 하순에 갑자기 오쿠다 사장님에게 '중기경영계획을 달성해 달라'는 부탁을 받고 놀랐습니다. 총력을 기울일 때가 왔다고 생각합니다. 윗선의 지시를 기다리지 않고 스스로 판단하고 스스로 도전하는, 그런 기업 풍토를 만들어 나가고 싶습니다. 해외에서는 금방 수장이 나와서 의논이 시작됩니다. 엄청난 스피드를 피부로 느꼈습니다. 샤프도 앞으로 속도를 높일 겁니다. 여러 기업이 서로의 장점을 합쳐서 새로운 사업이나 서비스를 만드는 시대가 시작되고 있습니다."

그리고 가타야마의 경영 책임에 대한 질문을 받고 이렇게 대답했다. "확실히 많은 투자를 해왔습니다. 투자로 생산력을 높이고, 코스트로 이기는 시대는 끝났다고 생각합니다. 저를 포함한 샤프의 모든 직원이 전혀 깨닫지 못하고 있었습니다. 가타야마 회장님 개인만이 실패했다고 생각하지는 않습니다. 저에게도 물론 책임이 있습니다."

두 사람은 말을 맞춰서 사장 교체의 경위인 인사 항쟁에 대해서는 입도 뻥긋하지 않았다.

새 사장은 구세주인가

다카하시는 천천히 명함 사이즈의 하얀 카드 한 장을 품에서 꺼냈다. 그것은 창업자인 하야카와 도쿠지의 말들을 정리한 '경영신조'로, 말하자면 샤프의 성경이라고 할 수 있었다. "이의전심二意專心. 성의誠意와 창의創意, 이 두 가지가 넘쳐야만 사람들에게 진심어린 만족과 기쁨을 줄 수 있고, 진정으로 사회에 공헌할 수 있다." 이런 문장으로 시작하는 신조를 "적혀 있는 말 하나하나가 전부 훌륭하다"고 치켜세우고, "창업정신을 제외한 모든 것을 바꾸겠다"고 선언했다. 그 모습은 성경에 손을 얹고 원래의 샤프로 돌아가겠다고 맹세하는 것처럼 보였다.

이 날 발표한 2013년 3월기의 연결최종손익은 5,453억 엔의 적자. 전기도 3,760억 엔의 적자라서 2기 연속으로 거액의 적자를 계상했다. 5월에 경영진을 쇄신하여 사장인 오쿠다, 회장인 가타야마가 이사직에서 물러난다는 소식도 발표했다. 오쿠다에게는 회장이라는 직함이 남았지만 이사가 아닌 단순한 명예직이었다. 그리고 가타야마는 기술 고문으로 취임했다.

다카하시는 미국법인의 사장으로 근무한 경험이 있어서 평범한 대기업이라면 국제파 엘리트로 보일지도 몰랐다. 하지만 샤프 경영자의 계보로 따지면 이질적이었다. 쓰지나 마치다처럼 중흥조인 사에키의 인척도 아니었다. 가타야마처럼 업계에서 명성이 자자한 기술자도 아니었다. 그러나 이질적인 경력 때문에 이번에야말로 구세주가 되어주지 않을까 기대가 높아졌다. 대부분의 사원들이 다카하시의 사장 취임을 환영했다.

항쟁의 패배자들

2013년 봄, 오쿠다는 사장의 자리를 다카하시에게 양보했다. 거듭되는 경영 악화 때문에 2년 후인 15년 봄에는 회장직에서도 물러나 비상근 고문이 되었다. 현재는 샤프 본사에 있는 사원 식당에서 혼자서 점심을 먹는 모습을 볼 수 있다고 한다. 어느 사원이 말했다.

"다들 사원식당에서 '아, 오쿠다 씨다' 하고 생각합니다. 뒷모습이 쓸쓸해 보이지만 역시 아무도 말을 걸 수 없습니다. 보통 경영 악화로 퇴임한 전직 사장은 일반 사원들이 이용하는 식당에 드나들 만큼 신경이 질기지 못하죠. 하지만 회사에 왔다가 점심시간이 되어 배가 고프면 사원 식당에 간다, 그렇게 일반 사원과 발상이 똑같은 것이 좋든 나쁘든 오쿠다 씨다워요." 가타야마와 다카하시에게 끌려 내려온 비극의 6대 사장 오쿠다. 대기업의 정점에 올라갔던 왕년의 모습은 사라져 있었다.

가타야마도 자멸

회장에서 물러나기로 결정한 후, 가타야마는 다카하시에게 기업 매수 이야기를 들고 오는 등 신 체제에서도 존재감을 발휘하려고 애썼다. 하지만 사장으로 내정된 후에 사원들의 지지를 받아 자신감이 높아진 다카하시는 상대하지 않았다. 주위 사람들에게 이런 말도 했다고 한다. "가타야마 씨는 아직도 자기가 경영자인 줄 안다."

가타야마는 회장 퇴임 후 오사카의 본사에서 멀리 떨어진 덴리 공장에 개인사무실을 부여받았다. 이사 자리에서 물러나도 일정한 발언력을 가질 수 있으리라 계산했는데 예상이 완전히 빗나갔다. 가타야마와 친한 간부는 이렇게 말했다.

"가타야마 씨는 덴리에서 완전히 고립된 상태였습니다. 본사의 자리도 없어져서 일부러 본사까지 갈 이유도 없어졌습니다. 자신이 다카하시에게 힘을 실어준 셈인데도 이렇게까지 냉대를 받을 줄은 꿈에도 몰랐을 겁니다. 회장 퇴임 직후부터 이직 권유를 많이 받았다고 들었고, 본인 역시 빨리 신천지를 찾고 싶었겠지요."

그런 가타야마는 7월 상순, 오사카 시내에서 만난 다카하시에게 "이제 회사 경영에는 참견할 생각이 없다"고 말했다. 예전과 같은 번뜩이는 강인함은 자취를 찾을 수가 없었다.

다카하시는 6월 25일의 주주 총회에서 정식으로 사장에 취임했다. 하루라도 빠른 경영 재건과 리더의 부재를 호소하는 주주들에게 "앞으로는 퇴직자에게 결정권을 주지 않겠다"고 선언했다. 예상 이상으로 빠르게 권력 장악을 추진했다. 오쿠다와 가타야마에 대해서 주위 사람들에게 이렇게 말했다.

"오쿠다 씨는 괴로웠을 거야. 정말로 괴로웠겠지. 그런 상황에서는 누가 사장이라도 무리야. 오쿠다 씨가 1년 만에 깨끗하게 물러나주었기 때문에 지금의 샤프가 있어. 훌륭한 결단이었어. 추한 다툼을 외부에 드러내는 일 없이 보기 좋은 모양새로 내게 배턴을 넘겨주었지. 무척 고맙고 덕분에 내가 일하기 쉬워졌어. 나는 미국에서 외국 기업과 간간악악侃侃諤諤(성격이 곧아 거리낌 없이 바른말을 한다는 뜻-역자 주)의 자세로 사업을 해왔어. 난 상대의 품속으로 깊이 파고드는 타입이야. 무엇이 옳은가를 기준으로 상대와 철저하게 싸우지. 결코 물러나지 않아. 방어만 했던 오쿠다 씨나 뭐든 자신의 공으로 삼는 가타야마 씨하고는 달라."

일본전산으로 이직

가타야마는 그로부터 1년 정도가 지난 2014년 9월에 일본전산의 부회장 겸 최고기술책임자CTO로 내정되었다고 발표하여 온 업계를 깜짝 놀라게 했다. 일본전산의 회장 겸 사장인 나가모리 시게노부의 간곡한 요청에 응한 것이었다. "가타야마 씨는 실패해본 경험이 있습니다. 그런 경험은 아주 귀중하지요. 일본전산에서 그 경험을 살려보면 어떻겠습니까?"

그러나 샤프 사내에서는 경영 판단의 실수에 더하여 인사 항쟁을 계획하여 경영을 혼란시킨 가타야마에 대한 원망의 소리가 터져 나왔다. 그런 사원들의 분노를 대변한 것이 과거 가타야마의 상사이자 샤프의 기술개발부문을 오랫동안 이끌어온 전 부사장인 아사다 아쓰시淺田篤였다.

"일본전산에 들어간 후에 어떤 회합에서 가타야마와 얼굴을 맞닥트린 적이 있습니다. 그는 웃으면서 이렇게 말하더군요. '아사다 씨, 아주 우수한 인재들이 샤프에서 우리 쪽으로 넘어오고 있습니다'라고. 마치 '내가 샤프의 사원들을 구해주고 있다, 도와주고 있다'는 듯한 말투였습니다. 누구 때문에 샤프가 이런 꼴이 되었는데. 회사를 그만두고 일본전산으로 옮겨간 사원들 대부분은 생계를 위해서 어쩔 수 없이 가는 겁니다. 정말이지 용서할 수 없어요."

제4장

내부의 적을 배제하라

거물 은퇴자의 노성

사장 취임이 내정된 부사장 다카하시 고조가 드디어 자신의 권력 기반을 굳히기 위해서 움직였다. 2013년 5월 14일에 도쿄에서 열린 기자회견에서는 샤프의 기업 풍토를 '괴상한 문화'로 규정하고, 재생과 성장을 위하여 과거와 결별하는 자세를 강조했다. 3대 사장인 쓰지 하루오, 4대 사장인 마치다 가쓰히코. 두 명의 전직 사장이 오랫동안 권력을 잡고 있는 동안, 이해관계가 복잡하게 얽혀서 대립하는 바람에 경영이 어지러워진 것에 대한 통렬한 비판이었다.

"무슨 소릴 하는 거야? 왜 나냐고?" 본사 빌딩 2층에 있는 임원 플로어 복도에까지 노성이 쩌렁쩌렁 울려 퍼졌다. "왜 내가 물러나야 한다는 거지? 회사를 걱정하는 것 뿐인데."

고함소리의 주인은 3대 사장이자 특별 고문인 쓰지였다. 까마득한 후배였던 다카하시가 들이민 최후통첩에 자신의 귀와 눈을 의심했다.

다카하시는 과거 샤프의 황금기를 만든 공로자이기도 한 쓰지의 변명에 귀를 기울였지만, 말이 끝나자마자 다시 한 번 심각한 얼굴로 반복했다.

"회사를 변화시키기 위해서입니다. 그만 물러나주십시오." 사장 취임을 앞둔 6월 중순, 다카하시가 사장으로 지명된 후 처음으로 내리는 중대한 결단이었다.

실은 5월 14일의 사장 교체 기자회견 직전의 이사회에서는 쓰지와 마치다의 처우는 정해지지 않았다. 정확하게 말하자면 본인들이 격렬하게 저항하는 바람에 결정이 불가능했던 것이었다.

고양이에게 방울을 달 사람은 누구인가? 가타야마 미키오는 경영 일

차기 사장으로 결정되어 기자회견을 하는 다카하시 고조 부사장(우)와 오쿠다 다카시 사장(좌) (2013년 5월).

선에서 물러나고, 회장으로 추대된 오쿠다 다카시도 자신을 출세시켜준 은인에게 활을 쏠 용기는 없었다. 퇴직자들을 둘러보아도 그런 역할을 해낼 만한 사람이 없어서 다카하시가 그 역할을 자처할 수밖에 없었다. 다카하시와 친한 샤프의 간부는 이렇게 말했다.

"다카하시 씨는 먼저 자신에게 권한을 집중시키는 데 착수했습니다. 오쿠다 씨보다 마치다 씨와 가타야마 씨의 존재감이 강했기 때문에 회사가 혼란스러워진 것을 경영의 중추에 있으면서 똑똑히 목격했습니다. 쓰지와 마치다 씨, 가타야마 씨의 복잡한 인간관계를 역으로 이용하여 과거의 경영진을 배제시키는 데 성공했습니다. 그걸로 사원들과 주거래은행 등 관계자들의 지지를 얻었지요."

"친밀한 3인조"

6월 25일부의 신 체제에서는 오쿠다와 가타야마가 퇴임하는 한편, 미즈호코퍼레이트은행(당시)과 미쓰비시도쿄UFJ은행에서 경영기획과 재무 부문을 담당하는 이사를 두 명 받아들였다. 두 은행에서는 합계 1,500억 엔의 추가융자액을 확보하고, 회사 내외에 은행의 관리를 통해서 경영 재건을 추진한다는 자세를 표방했다. 5월 14일의 기자 회견 후, 다카하시는 실질적으로 오쿠다에게서 사장직을 넘겨받고 당장 신 체제를 스타트시켰다.

두 주거래은행은 상무이사로서 후지모토 사토시藤本聡(미즈호), 하시모토 요시히토橋本仁宏(미쓰비시도쿄UFJ)를 파견했지만 "메인뱅크로서 에이스급의 인재를 파견한 것은 아니다"(금융관계자)라고 했다. 이 시점에서는 샤프의 재건을 낙관적으로 보고 있던 것 같다.

경영권은 샤프 측이 쥐고 있었다. 중심인물은 부사장이자 기술담당인 미즈시마 시게아키水嶋繁光, 전무이자 재무총괄인 오니시 데쓰오에 다카하시를 포함시킨 '친밀한 3인조'였다. 재무상황이 악화되는 가운데 특히 다카하시는 오니시를 친근하게 애칭으로 부르면서 은행과의 협상 창구를 맡겼다. 다카하시 일파와 친한 전 간부는 이렇게 말했다.

"세 사람은 간부 후보생을 육성하는 '샤프 리더십 프로그램SLP'의 1기생으로 오랫동안 알고 지낸 사이였습니다. 은행 출신인 두 사람이 샤프의 각 사업을 이해하기까지 시간이 걸려서, 실질적인 경영의 지휘자는 3인조와 경영기획 담당임원인 후지모토 도시히코의 4명으로 결정되었습니다."

사실은 2013년에 접어들면서 3인조에 의한 쿠데타의 낌새가 조용히 감돌기 시작했다. "이제 오쿠다 씨는 감당을 못해요. 다카하시 씨, 마음을 정해주세요. 우리가 지원할 테니까." 오니시나 미즈시마는 툭하면 다카하시에게 사장으로 취임하라고 재촉했다. 가타야마는 가타야마대로 구 경영진을 배제하기 위해서 움직이는 가운데, 그와는 별도로 물밑에서 때가 오기를 대비하고 있었다.

복사기 기술자 출신인 다카하시는, 액정이 주류인 샤프에서 본인이 사장이 되려는 생각이 추호도 없었다. 무엇보다 '욕심이 없는 사람'이었다. 사내에 적이 없기 때문에 가타야마가 추천한 사람인데도 마치다와 쓰지는 묵인했고, 오니시와 미즈시마가 뒤에서 후원했다. 그러나 2월부터는 본인이 사장이 된다는 것을 의식하고 있었다. 창업자인 하야카와 도쿠지의 일화가 실린 책은 모조리 읽고, 때로는 눈물도 흘렸다고 한다. 그러다가 하나의 결론에 도달했다.

"창업자인 (하야카와) 도쿠지 씨가 자신의 몸을 내던져 회사를 재생시키려고 하고 있다. 그때가 오면 내가 할 수밖에 없을지도 모른다."

다카하시는 정이 많은 남자였다. 존경하는 창업자인 하야카와의 말을 모은 '경영신조'에는 이렇게 적혀 있었다. "화합은 힘이니 서로를 믿고 결속하라." 가슴 주머니에 넣어둔 하야카와의 말을 무엇보다 소중하게 여겼다. 마치다 같은 전직 사장을 배제하는 행위는 그런 이념과 동떨어져 있는 것처럼 보였다.

그러나 다카하시는 이치에 맞다고 생각했다. 회사를 구하려면 '다두정치'와 결별해야만 사원들의 결속을 높일 수 있다고 믿었다. 그렇기 때문에 사장인 자신을 중심으로 한 '원 보이스'로 전환하는 것을 최우선 과제로 삼았다.

쓰지는 직함은 그대로지만 전용차, 개인사무실, 전속비서도 없는 입장이 되었다. '액정 왕국'에 군림했던 마치다도 쓰지와 마찬가지로 상담역에서 '특별대우를 받지 않는' 특별 고문으로 물러났다. 그 후 두 사람의 발길은 점점 뜸해졌고, 용건이 있을 때만 택시를 타고 본사를 찾아오는 모습을 볼 수 있는 정도였다. 다카하시는 사장 취임 후 쓰지와 마치다 두 사람에 대해서 어느 임원에게 이렇게 말했다.

"쓰지 씨나 마치다 씨에게는 몹쓸 짓을 했다고 생각합니다. 차, 사무실, 비서도 빼앗았으니까. 그들(쓰지와 마치다)이 나를 쫓아내려고 하니까 조심하라는 충고 메일이 툭하면 날아옵니다. 그래도 최근 쓰지 씨는 마음이 풀렸는지 말을 걸어줍니다. '조금이라도 회사에 도움이 되고 싶다'는 뜻이겠지요. 마치다 씨는 아무 말도 하지 않아요. 그런 의미에서는 프라이드가 있는 거겠죠."

회사 평가는 최악

"위기에 빠진 것은 자업자득이다." "하청업체를 괴롭혔던 벌을 받는 거다." 본사로 돌아온 다카하시가 거래처나 부하들에게 들은 말은, 동정이나 격려가 아니라 '오만한 태도'로 많은 거래처를 적으로 돌려버렸다는 실태였다.

다카하시 자신도 새로운 동료 임원에게 "샤프의 평판은 최악입니다. 진짜로 망할지도 몰라요"라고 토로한 적이 있었다. "다카하시 씨를 믿고 드리는 말씀인데, 샤프가 이렇게 되어서 '꼴좋다'고 생각하는 사람은 많습니다." 거래처나 관계자가 여러 차례 직접 귀띔을 했다.

하청기업에게 부품의 가격인하를 집요하게 요구하고, 강압적인 태도를 보여온 샤프의 악평은 본거지인 간사이 지역에 널리 퍼져 있었다. 거래처 직원에게 '반말'을 찍찍 해대고 고함을 지르는 것은 일상다반사. 샤프하고는 두 번 다시 거래하기 싫다는 하청업체도 적지 않다. 파나소닉에 흡수된 산요전기의 경영 위기와는 달리, 본거지에서는 샤프에 대한 동정론을 찾아보기 힘들었다.

그래서 다카하시는 이런 결심을 했었다. "회사가 변화하지 않으면 안된다. 샤프를 위해서가 아니라, 인간으로서 무엇이 중요한지를 판단 기준으로 삼아야 한다." 이것은 사원의 정신 교육이 얼마나 중요한지 설파했던 교세라京セラ의 명예회장 이나모리 가즈오稲盛和夫에게서 인용한 말이다.

교세라와 샤프는 같은 간사이 출신 기업인 데다가, 둘 다 복사기를 취급하는 라이벌 관계이기도 했다. 그래서 복사기 출신인 다카하시에게는 비즈니스에 대한 이나모리의 우직한 말이 마음에 깊이 박혔다. 따라서 '사업 개혁'보다 '풍토 개혁'을 최우선 사항으로 삼고 매진하게 되었다. 논리나 숫자가 아니고 정신이 더 중요하다는 뜻이었다.

뒤집어 말하자면 사원들의 마음가짐이나 사고방식만 바꿀 수 있다면 경영 재건은 저절로 성공한다고 굳게 믿었던 것이다.

할아버지의 가르침

샤프의 재건을 짊어지게 된 새로운 사장 다카하시는 어떤 인물일까? 자신의 신조에 관하여 다카하시 본인은 이렇게 말했다.

"할아버지는 날 애지중지 기르셨습니다. 할아버지의 입버릇은 '남을 속이면 안 된다. 차라리 남에게 속는 편이 낫다'였지요. 저는 할아버지의 가르침대로 정직을 모토로 살아왔습니다."

고조興三, 이름에 석 삼三자가 있기 때문에 삼남으로 오해받기 쉽지만 사실은 장남. 할아버지를 좋아했던 고조 소년은 조부에게 앞에서 언급한 말을 자주 들었다고 한다. 어려도 이해하기 쉽게 설명한 이 말이, 훗날 다카하시의 인생을 결정하게 된다.

다카하시는 시즈오카靜岡대학 대학원을 수료한 후, 1980년 4월에 샤프에 입사하여 비중핵부문인 복사기의 개발자로서 나라 공장(나라 현 야마토코리야마 시大和郡山市)에서 오랫동안 근무했다. 가족은 아내와 두 딸. 일거리를 결코 집으로 가져오지 않고, 말동무는 대개 실내견인 모나카와 토끼인 메이메이. 퇴근 후 곧장 집으로 돌아가서 샤워를 한 다음 싸구려 소주를 한 손에 들고 텔레비전을 보는 전형적인 회사원이었다. 골프도 노래방도 가지 않았다. 마치다와 혈연관계가 있는 것도, 상사의 비위를 잘 맞춰서 간부로 승격된 것도 아니었다. 계속 개발자로 일하다가 퇴직할 것이라고 본인도 생각하고 있었다. 나라 공장에 근무하던 시절의 부하가 이렇게 말했다.

"다카하시 씨는 인품이 좋아서 존경을 받았습니다. 부하들끼리 싸우기라도 하면 그만하라고 바로 말리러 가는 타입이죠. 엔지니어로서도 우수했습니다. 당시는 손으로 그렸는데 도면을 그릴 때도 얼른 끝내고는 주머니에 손을 넣고 사내를 걸어 다녔습니다. 위조지폐 방지를 위한 기능이나 비밀문서를 읽을 수 없게 만드는 기능 같은 것도 고안해내서 자위대에 판매했습니다."

그래도 다카하시가 장래의 사장 후보라고 생각하는 사람은 거의 없었다. 복사기 사업부문에서는 기술부문의 에이스이자 나이가 비슷한 나카야마 후지카즈中山藤一가 선배로 있었다. 나카야마는 다카하시 체제에서 텔레비전 등 제품 부문을 총괄하는 대표이사 전무가 되었다.

다카하시는 복사기에서는 책임자가 되지 못하고, 2008년에 집행 임원으로 취임하여 야오 공장(오사카 야오 시八尾市)에서 백색가전의 전반적인 관리를 맡게 되었다. 오븐 레인지 '헬시오' 시리즈나 독자적인 '플라스마 클러스터' 기능을 탑재한 공기청정기 등을 내놓아 매출을 올렸다. 영업맨으로서 높은 평가를 받으면서 존재감도 높아졌다.

"다카하시 씨는 알기 쉽게 설명하자면 믿음직한 사람이었습니다. 우리 회사가 기술자에게 가진 이미지를 바꿔놓았죠." 당시 사정을 잘 아는 관계자는 이 경력이 다카하시의 회사 인생에서 전환점이 되었다고 회상했다. 마치다도 다카하시의 변신을 높이 평가했다. 2010년에 상무 집행 임원과 북미사업의 사장으로 취임하고, 액정 텔레비전 '아쿠오스'를 날개 돋친 듯이 팔았다.

"당시 북미에서는 태양전지와 복사기가 사업의 기둥이었습니다. 다카하시 씨는 복사기 부문에 있었을 때 해외 담당이라서 판매의 흥망을 쥔 북미 딜러와 견고한 관계를 쌓았죠. 텔레비전의 대형화 전략도 적중해서 직접 베스트바이 같은 대형양판점과 협상을 하는 등 판매망을 확대했습니다."(샤프의 간부)

상무 집행 임원에서 사장으로 발탁되었던 오쿠다에 비해서, 다카하시는 사장 자리를 노리기에 충분한 경험을 가지고 있었다. 그래도 미국의 판매회사 사장에서 본사의 부사장으로 소환된 것은 2012년의 봄이었다. 이 해 6월에 간신히 대표권을 얻었을 뿐이었다. 사내의 기대감은 높았지만, 거액의 적자로 침몰한 샤프를 재건하기 위한 험악한 여정이 기다리고 있었다.

액정을 모르는 문외한

사장으로 취임한 후 1개월 정도 지난 7월 하순, 오사카 사카이 시. 과잉 투자로 경영 위기를 초래한 원인 중 하나인 액정 패널 공장이 있었다. 다카하시는 '신생 샤프'를 어필하기 위하여 거래하는 금융기관의 최고경영자나 임원들을 초대하여 특별 견학 투어를 열었지만 결과는 그다지 기대할 수 없었다.

다카하시 스스로 액정 패널 공장의 가이드까지 자처했지만, 참가 멤버 중 한 명은 이렇게 느꼈다고 한다. "경영을 재건하려는 다카하시 씨의 뜨거운 정열을 느꼈습니다. 그러나 설명을 듣고 있자 액정의 프로였던 가타야마 씨처럼은 안 되겠구나, 액정을 모르는 문외한이구나, 라는 것을 알겠더군요."

견학 투어 중에 다카하시의 설명이 가장 매끄러웠던 부분은 백색가전의 해외전략에 관해서였다. 샤프의 명운을 틀어쥐고 있다고 할 수 있는 액정 패널 공장에서 자신이 정통한 분야인 백색가전에 대해서 열변을 토했던 것이다. 그러나 금융관계자가 가장 관심을 보이는 것은 연결매출의 약 30퍼센트를 차지하는 액정 사업이었다. 경영 재건의 열쇠를 쥐고 있기 때문이었다. 다카하시도 사내외에서 "액정 사업을 중핵으로 삼겠다"고 공언해왔지만, 구체적인 지원책은 내놓지 못하고 있었다. 그래도 샤프의 간부는 다카하시를 이렇게 엄호했다.

"가타야마나 마치다도 액정 사업을 잘못 경영했습니다. 사업에 정통하고 있는지 여부는 경영 센스와는 직접 관계가 없습니다. 다카하시 체제가 들어선 후로는 전임의 오쿠다 사장 시절에 비해서 거물 퇴직자가 참견하는 일도 없어졌고 의사결정도 빨라졌어요. 지금까지의 경영자보다도 훨씬 낫습니다."

삼성과의 제휴 협상

다카하시가 쓰지와 마치다라는 두 사람의 거물에게 최후통첩을 했을 무렵, 일본을 방문한 한국 삼성전자의 후계자인 이재용 부회장과 만났다. 다카하시의 옛 터전인 복사기 사업의 제휴 협상 때문이었다. 사장으로서 벌이는 첫 대규모 거래였다. 회담이 길어지는 가운데 술을 마시면서 다카하시가 이런 말을 꺼내는 바람에 이재용은 당황했다. "삼성이 왜 이제 와서 복사기 사업에 뛰어들고 싶어 하는지 모르겠습니다. 앞으로는 페이퍼리스 시대라서 이 사업에는 그다지 장래성이 없습니다."

해외 경험이 풍부한 다카하시로서는 협상을 유리하게 끌고 가기 위해서 이런 발언을 한 것이었다.

이재용은 게이오慶應대학 대학원에서 유학한 경험이 있어서 일본어가 능숙했다. 다카하시와는 일면식이 있었지만, 복사기 사업에 관해서 진솔한 대화를 나누는 것은 이번이 처음이었다. "그게 무슨 뜻입니까?" 이재용 본인은 복사기 사업에 대해서 잘 몰랐기 때문에 다카하시의 이런 발언을 한 진의를 이해하지 못했다. 하지만 복사기 사업에서 손을 떼려고 하고 있다, 지금까지의 협상 상대였던 가타야마와는 다르다는 것만큼은 이해할 수 있었다. "다카하시가 무슨 생각을 하는지 알 수 없군요." 이재용은 관계자에게 이렇게 밝혔다.

샤프는 가타야마—오쿠다 시절부터 복사기 사업의 매각, 분리를 검토하고 있었다. 샤프의 복사기(A3 사이즈)의 출하대수는 세계 5위를 자랑했다. 복사기 등 비즈니스 솔루션 부문의 2014년 3월기의 매출은 3,100억 엔, 경영이익은 220억 엔이 예상되어 안정적인 수익을 내고 있었다. 한편 이 분야에서 뒤처져 있던, 자본 제휴를 하는 삼성도 이 달러 박스 사업을 노리고 있었다. 복사기 사업을 버리고 삼성과 사업을 통합하면, 샤프는 1,000억 엔 규모의 자금을 획득할 수 있을 것으로 내다보고 있었다.

복사기 특유의 사정

다카하시는 사내의 누구보다도 복사기 사업에 정통했다. 따라서 이 사업을 외국계인 삼성에 넘기는 것이 얼마나 어려운지 잘 알고 있었고, 어떻게 연착륙시키면 좋을지 골머리를 썩이고 있었다. 주거래은행이 자력으로 자금을 조달하라고 요구했기 때문에, 자기 손으로 파탄을 낼 수는 없는 노릇이었다. 현재 삼성은 샤프의 대주주이자 액정 패널을 구매하는 중요 고객이기도 했다. 함부로 거절했다가 삼성 경영진의 노여움을 사면, 샤프의 경영 재건 계획이 막대한 피해를 입으리라는 것은 불을 보듯 선했다.

복사기 사업은 다른 산업에서는 볼 수 없는 복잡한 비즈니스 모델이라고 말할 수 있다. 캐논이나 리코 등 일본 기업이 세계 시장에서 압도적인 우위를 차지했으며, 각 사가 보유한 특허의 상호 라이센스로 성립되어 있었다. 거대 기업인 삼성의 본격 참가에 대해 일본 기업은 물론 외국계 기업까지 강한 거부 반응을 보였다.

"솔직히 말해서 복사기 비즈니스는 체질이 케케묵었습니다. 높은 이익률을 유지하기 위해서 서로 협조하여 신규 참가자를 배제시키려는 분위기가 있습니다. 상호 라이센스를 재검토하기라도 하면 사업 자체가 불가능해집니다. 샤프의 해외 판매대리점도 삼성과 손을 잡는 것을 강력하게 반대했고, 등을 돌리려는 움직임마저 보이고 있었습니다."(복사기 업계의 간부)

118

가타야마가 이끌었던 샤프의 구 경영진은 복사기 사업의 매각을 주도하면서도, 이런 속사정을 삼성에 제대로 전달하지 않았다. 이재용은 사태를 타개하고자 7월 5일에 도쿄 가스미가세키霞ヶ関에 있는 경제산업성을 찾아갔다. 간부 관료와 면담했지만, 그들의 대응은 냉담했다.

"정부로서는 민간 비즈니스에 개입할 마음이 없습니다만, 특허 문제는 괜찮습니까?"

삼성은 스마트폰 '갤럭시'가 간신히 일본 시장에 침투하고 있는 중요한 시기였다. 이런 타이밍에서 산업계나 경제산업성을 적으로 돌리는 것은 득책이 아니었다. 무엇보다 샤프의 복사기를 강압적으로 빼앗았다는 라벨이 붙는 것을 두려워했다. 제휴에 대한 열의가 서서히 식어간 것은 필연적인 흐름이었다.

다카하시는 도쿄 오테마치大手町에 있는 미즈호은행과 미쓰비시도쿄UFJ은행의 간부를 수차례 만나서, 협상의 진척 상황을 꼼꼼하게 전달했다.

"상황은 잘 알겠습니다. 결과가 어떻게 되든 은행으로서는 끝까지 다카하시 씨를 지원하겠습니다."

삼성과 손을 잡을 경우의 메리트와 디메리트를 다카하시가 직접 설명하자, 메인뱅크는 사태를 수용하고 협상의 최종결정권을 맡기게 되었다.

다카하시는 다른 복사기업체 수뇌들과도 의견을 나누었지만 "(삼성과의 합병은) 말도 안 된다"는 의견이 대부분이었다. 다카하시는 안도했을지도 모른다. 아무도 다치지 않는 것이 중요했다. 이 시점에서 삼성에 샤프의 복사기를 매각한다는 이야기는 사실상 좌절되었다.

삼성 관계자는 이렇게 분노했다. "캐논, 리코, 후지 제록스 등 일본 제조사의 반대가 예상보다 심했습니다. 경제산업성과도 사전에 말을 맞춰뒀더군요. 샤프의 사업을 취득한다고 해도 장래성이 보이지 않았습니다. 샤프의 부추김에 넘어가서 매수에 나섰는데, 막판에 배신당한 기분입니다."

협상에 참여한 샤프 관계자는 이렇게 지적했다.

"결국은 시간이 경과되어 협상이 종료되었습니다. 다카하시의 본심은 끝까지 알 수 없었지만 그것이 다카하시의 전략이었을지도 모릅니다. 적어도 복사기라는 수익 사업을 매각하지 않은 덕분에 다카하시에 대한 사내의 구심력이 높아진 것만큼은 분명합니다."

사실 다카하시는 내심 복사기 사업을 포기하기 싫었던 것이 아닐까? "결정할 수 없다"는 결단을 내렸지만, 재건을 향한 구체적인 여정은 여전히 앞이 보이지 않는 상태였다.

수수께끼의 400억 엔

"수수께끼의 400억 엔을 알고 있나? 나는 사원들의 잠재력을 더 많이 끌어내고 싶어." 다카하시는 사장으로 취임한 후 사원들을 모아서 자주 이런 말을 했다. 이나모리즘(교세라의 이나모리 가즈오 회장이 만든 경영 철학-역자 주)이 침투하여 실적이 예상 이상으로 개선된 일본항공을 모델로 삼고 있었다. 경영이 파탄된 일본항공은 2011년 3월기에 갱생 계획을 상회하는 1,243억 엔의 영업이익을 냈다. "영업이익 중 400억 엔은 눈에 보이지 않는 사원 한 명 한 명의 부단한 노력"이라고 일컬어졌다.

"대중요법은 안 돼. 사원 한 명 한 명의 의식을 바꾸지 않으면 회사는 절대로 재생시킬 수 없어." 종업원과 함께 단체 사진을 찍고, 밤에는 젊은 사원들과 술집에서 대화를 나눴다. 하루 만에 홋카이도와 오키나와의 사업소를 도느라 2,500킬로미터를 이동한 적도 있었다.

"정말로 의식을 개혁하면 회사가 좋아질까?" 일부 사원들은 이나모리 즘을 신봉하는 다카하시에게 의문을 드러내는 목소리도 있었지만 다카하시는 진심이었다. "경영 간부의 의식개혁이 무엇보다 필요. 스스로가 모범이 되어야 한다." 다만 다카하시는 운이 좋았다. 실적이 예상 이상으로 호전된 것이다.

"왜 어둡습니까?"

"사내 계획을 상회하는 회복세에 들어갔습니다. 최종적으로 흑자 달성을 향해서 나아갑시다." 2013년 8월 1일, 다카하시가 사장에 취임한 후 처음으로 결산 기자회견이 도쿄에서 열렸다. 2013년 4~6월기의 연결영업이익은 30억 엔의 흑자(전년 동기는 941억 엔의 적자)를 냈다.

당초는 100억 엔 전후의 적자를 예상하고 있었지만 액정 사업의 적자가 큰 폭으로 줄고, 태양전지나 복사기 등의 실적이 견실했던 것이 주효했다. 4~6월기는 대형할인행사가 없어서 가전이 중심인 샤프는 고전을 면치 못할 것으로 예상했던 만큼, 시장 관계자의 예상을 좋은 의미로 배신했다.

"다카하시 씨, (흑자로 전환되었는데) 왜 그렇게 표정이 어둡습니까?" 회견장에서 기자가 이런 질문을 던지자 사방에서 웃음이 터졌다. 그래도 다카하시의 표정은 굳어 있었다. 미리 준비한 원고를 보면서 형식적인 질문과 대답으로 점철했다. 다카하시는 내심 이렇게 생각하고 있었다. "빈틈을 보이면 사원들이 해이해진다."

아슬아슬한 공모증자

샤프의 과제는 역시 재무체질의 개선이었다. 자기자본비율은 2013년 3월말 시점에서 6퍼센트로 전년 12월 말(9.6퍼센트)보다 낮아졌다. 제조업으로서 건전하다고 볼 수 있는 20~30퍼센트 수준을 크게 밑돌았기 때문에 위기 상황이라는 것에는 변함이 없었다.

구조조정으로 해결할 수 있었던 것은 구 사카이 공장의 분리나 설비 투자의 삭감에 불과했고, 현안인 해외의 텔레비전 공장 매각 같은 자산매각은 좀처럼 진척되지 않았다. 경영 안정에서 빼놓을 수 없는 1,000억~2,000억 엔 규모의 자본 증강의 전망도 서질 않았다. 사채 발행이나 추가적인 은행 대출이 불가능한 이상 남은 선택지는 공모증자밖에 없었다.

다카하시를 비롯한 경영진은 8월이 되면 공모증자 준비에 매진하기로 했다. 액정 패널에 거액을 투자하다가 실패한 부의 유산을 처리할 가능성이 보이고, 겨우 흑자가 정착되어가는 샤프로서는 자본 증강이 최대의 현안이었다. 그것은 간단한 이야기는 아니다. 금융관계자는 이렇게 털어놓았다.

"당시 샤프는 2,000억 엔 정도의 목돈이 필요했습니다. 우리가 보기에는, 샤프는 너무 낙관적이었습니다. 실적이 회복되고 있으니까 증자 환경은 갖추어졌다고. 하지만 (장래의 구체적인 성장 전략 같은) 에쿼티 스토리 Equity Story가 없는데 정말로 증자가 실현 가능할지 어떨지 전혀 낙관할 수 없는 상황이었습니다."

9월 초순 도쿄 오테마치. 다카하시와 재무 총괄인 오니시는 주거래은행과 주간사증권회사를 잇달아 방문했다. 예년보다도 늦더위가 기승을 부려서 조금만 걸어도 땀방울이 뚝뚝 떨어졌다. 약 1개월 전에 계획한 9월 18일

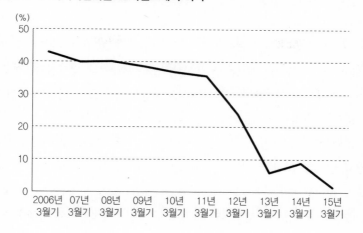

도표 4-1 자기자본비율 40퍼센트에서 하락

(%)

| | 2006년 3월기 | 07년 3월기 | 08년 3월기 | 09년 3월기 | 10년 3월기 | 11년 3월기 | 12년 3월기 | 13년 3월기 | 14년 3월기 | 15년 3월기 |

의 증자 발표 스케줄을 확정하기 위한 방문이었지만 거래처는 떨떠름하게 대응했다. "정식으로 결정되면 보고하겠습니다." 평소에는 명랑하고 달변가인 다카하시도 피로의 기색이 짙어져만 갔다.

당초 상정했던 증자 발표일은 8월 21일. 그러나 직전에 삼성전자와의 복사기 사업 합병회사 설립 계획이 파탄이 났다. 삼성에서 약 1,000억 엔의 자본을 조달하여 증자에 탄력을 준다는 계산이 빗나가서, 증자의 결정시기를 11월로 연기하는 방안도 심각하게 검토했다.

도쿄올림픽이 가미카제

진척되지 않는 원인은 그것만이 아니었다. 샤프는 2013년 4~6월기

결산에서 30억 엔의 영업이익을 계상했다. 태양전지나 백색가전 등이 공헌한 덕분으로 주력인 액정은 95억 엔의 영업적자를 냈다. 액정 패널을 생산하는 가메야마 제2공장의 가동률은 2013년 봄에는 약 70퍼센트에 불과했으나, 3월에 삼성과 자본업무 제휴를 맺은 이후 조금씩 높아져서 여름에는 풀가동에 들어갔다.

그러나 평면 텔레비전의 세계시장은 성장 둔화가 예상되어 패널 시장은 악화되고 있었다. 수익을 올릴 수 있을 만한 환경이 아니었다. "액정 패널 사업이 시들한 가운데 대형 증자를 실행할 수 있을까?"라는 것이 일부 증권회사의 견해였다.

뜻밖의 순풍이 불기 시작한 것은 9월로 접어든 다음이었다. 8일 새벽(일본 시간)에 결정된 2020년의 도쿄올림픽 유치에 따른 주식 상장의 상승이다. "바로 지금이다." 관계자는 잔뜩 흥분해서 일제히 움직이기 시작했다. 주거래은행은 "대량의 새 주식을 시장에 팔 수 있는 환경이 갖추어졌다"고 주장하면서 최후까지 신중한 자세를 무너트리지 않았던 증권회사를 설득. 9월 11일 모든 주간사증권회사의 사내 심사를 통과하여 사실상 증자가 결정되었다. 다른 금융관계자가 흥분해서 말했다.

"도쿄올림픽을 유치하지 못했더라면 증권회사는 오케이하지 않았을 겁니다. 관계자는 올림픽 유치 장면을 텔레비전으로 보고 팔짝팔짝 뛰었습니다. 샤프로서는 가미카제가 불어준 셈이죠. 다카하시 씨는 운을 타고난 사람이라고 화제가 되었습니다."

샤프는 9월 18일 공모증자와 제3자 할당증자를 실시한다고 발표했다. 공모증자는 1,489억 엔, 제3자 할당증자는 175억 엔. 합계 약 1,700억 엔이 될 전망이었다.

모든 사업이 흑자화

"액정 사업이 극적으로 개선되어 전체적인 수익 개선에 공헌했습니다." 2013년 10월 31일에 도쿄에서 열린 2013년도 상반기 결산설명회에서 다카하시는 가슴을 활짝 폈다. 경영 부진의 원흉이었던 액정 사업은 86억 엔의 영업 흑자(전년 동기는 1,155억 엔의 적자)를 내고 2년 만에 흑자로 전환되었다. 6개 사업부문 전부 흑자를 기록했다.

11월 12일에는 최대의 현안이었던 총 1,365억 엔의 자본 증강도 종료했다. 샤프는 공모증자 등으로 1,191억 엔, 제3자 할당증자로 마키타, LIXIL그룹, 덴소에서 합계 173억 엔을 조달했다. 발표 후의 주가하락으로 조달액은 당초 계획보다 300억 엔을 밑돌았지만 "최저선은 클리어했다."(샤프 간부) 대형 증자를 실시했기 때문에 채무 초과에 빠져버리는 최악의 사태는 회피할 수 있었다.

와이가야로 복마전 해체

"다카하시 씨가 사장이 된 후로 제법 재미있었던 것은 혼다처럼 '(경영간부의) 공용사무실제'를 도입한 것이었습니다. 우리 회사의 경우, 임원진이 활발하게 의견을 교환하기는커녕 각자의 사무실에 틀어박혀서 서로무엇을 하고 있는지 의심했습니다. 칭찬할 만한 이야기는 아니지만 벽을 없앤 것은 좋은 생각이었습니다."

증자라는 현안을 완료한 다카하시가 다음으로 손댄 것은 경영간부가 하나의 사무실에서 업무를 보는 공용사무실제였다. 2014년 1월에 복마전伏

魔殿이라고 불리는 본사 2층에 있는 임원들의 개인집무실을 원칙적으로 폐지했다. 공용사무실에서 다카하시나 오니시, 은행 출신의 임원들을 비롯한 비서와 경영기획의 사원들 40여명이 책상을 나란히 늘어놓고 앉았다.

샤프는 회사가 성장함에 따라 종적 의식이 강해져서, 각 부문마다 따로 노는 바람에 액정 사업에 대한 과잉 투자를 멈추지 못했다. 다카하시는 경영이 궤도에 올랐다고 여겨지는 타이밍에서 줄곧 생각해왔던 공용사무실제도를 도입했다.

공용사무실제도의 원조는 혼다였다. 임원들이 벤처기업처럼 활발하게 의논하여 의사를 결정하는 것을 '와이가야ワイガヤ(시끌벅적하게 떠든다는 일본의 의성어 와이와이가야가야ワイワイガヤガヤ에서 유래된 말-역자 주)라고 부르면서, 세계 유수의 자동차업체로 비약했다. 일본항공이나 도쿄전력 등 착실하게 경영을 재건하려는 유력기업에서도 도입하려는 움직임이 확대되고 있었다. "다카하시 씨는 일본항공의 회장인 이나모리 씨를 많이 의식하고 있습니다. 일본항공에서 도입한 제도는 뭐든지 따라하려고 했습니다. 무엇보다 다카하시 씨는 사장실에 있으면 정보를 얻기 힘들다면서 임원 플로어에는 그다지 발걸음하지 않고, 다른 층에 있는 부사장 시절의 집무실을 주로 사용했습니다. 여태까지 임원의 개인집무실에서 모든 것을 결정했던 낡은 체질을 불식할 수 있다면서 사원들은 환영했습니다."(간부 사원)

2014년 1월 6일의 신년 기자회견에서 다카하시는 "한때의 위험했던 단계에서 한 칸 위로 올라갔습니다. 2014년도는 재성장의 무대로 삼겠습니다"라면서 미소를 지었다. 새로 제정한 사원 규범인 '행동변혁선언 카드'에는, 직필로 "문화를 바꾼다"에서 "좋은 문화를 만든다"고 써넣었다. 강력한 리더십으로 '괴상한 문화'를 순조롭게 개혁하고 있다는 자신감의 표시였다.

"더는 패배자가 아니다"

실적도 급속도로 회복되고 있었다. 2014년 2월 4일에 발표한 2013년 4~12월기의 연결최종손익은 177억 엔의 흑자(전년 동기는 4,243억 엔의 적자)를 냈다. 주력인 액정을 포함한 6개 사업 전부 이사분기 연속으로 영업 흑자를 확보. 2014년 3월기 통기의 영업손익 전망을 1,000억 엔의 흑자(전기는 1,462억 엔의 적자)로 200억 엔 상향조정했다.

특별손실이 발생하는 등 최종 손익은 겨우 50억 엔이었지만, 영업이익이 1천억 엔대로 회복된 것은 6년 만이었다. 텔레비전용 액정 패널의 손익은 거의 제로였지만, 이익이 많이 나는 스마트폰 등 중소형 액정으로 시프트를 전환한 전략이 주효했다.

8개 전기회사의 2013년 4~12월기 연결순이익은 소니가 111억 엔, 후지쓰가 23억 엔. NEC는 150억 엔의 적자로 전락했다. 177억 엔의 샤프는 5위 수준이었다. "전기의 패배자는 소니. 후지쓰나 NEC보다도 좋다. 우리도 더 이상 패배자가 아니다"라는 의견이 사원들 사이에서도 나왔다. 2012년 4월부터 계속되었던 급여 삭감도 3월 말에는 폐지하기로 했다. 실적 부진에 브레이크가 걸리고, 사원들도 샤프의 부활을 믿게 되었다.

1000년 기업?

다카하시는 2014년 4월 1일, 본사에서 열린 입사식에서 이런 연설을 했다. "이렇게 혹독한 시기에 샤프에 입사하겠다는 결단을 내려주신 여러분께 감사드립니다. 2014년도에는 커다란 성장과 비약을 이루어낼 수 있다고 확신하고 있습니다. 여러분에게는 무한한 가능성이 있습니다. 앞으로 200년, 300년, 1000년 후에도 샤프가 살아남을 것을 믿고 있습니다."

2014년 3월기는, 그 전기에 실시한 인원삭감 등 구조조정의 효과 덕분에 최종적으로는 흑자로 전환될 전망이었다. 다카하시는 샤프의 미래에 대한 자신이 있었다. "로봇이나 의료 등 신규 사업의 씨를 뿌리고 있다. 그런 분야에서 상품을 내놓아 새로운 비즈니스 모델을 만들어가겠다."

전국에 100개 이상 있는 사업소를 돌아다니면서 현장의 사원들과의 거리를 좁혔다. 다카하시가 현장을 열심히 돌아다닌 것도, 사원들이 자신의 의견을 털어놓을 수 있게 하고 싶기 때문이었다. 상사를 직함이 아니고 '이름'으로 부르는 운동도 시작했다.

다카하시는 자신에게 카리스마성이 없다는 것도, 회사의 주류가 아니라는 것도 알고 있었다. 그렇기 때문에 "사원들이 한 발 한 발 나아가기 위한 동기를 부여해주는 것이 사장의 역할이다. 경영자가 자꾸 여기저기 나서면 또다시 같은 실패를 한다"고 자신을 제어했다.

그러나 샤프 사내에서는 실적이 회복되면서 아무래도 위기감이 옅어졌다. 어느 40대 중견사원은 2012년의 조기퇴직으로 그만둔 전 종업원이 공장에서 다시 일하는 것을 보고 깜짝 놀랐다고 한다. "최악의 상황을 탈출한 것처럼 평범한 회사 같은 분위기가 감돌고 있었습니다."

제5장

계승되지 않는 창업정신

샤프의 다카하시 고조 사장은 2013년 5월 14일, 자신의 취임 기자회견에서 "창업정신을 제외한 모든 것을 바꾸겠다"고 강조했다. 그것은 창업정신이라는 원점으로 돌아가서 발본적인 경영 재건에 착수하겠다는 선언이었다. 하지만 그것은 몹시 어려운 일이다. 제4대 사장 마치다 시절부터는 창업자의 정신을 배반하는 것이나 다름없는 경영판단이 되풀이되어 샤프는 빛을 잃고 있었다. 창업정신은 왜곡되고 짓밟혔다며 한탄하는 사람이 많았다.

샤프의 창업정신은 두 사람의 경영자가 회사의 유전자에 깊이 새겨놓은 것이었다. 창업자 하야카와 도쿠지(1893~1980년)와 2대 사장이자 '중흥조'인 사에키 아키라(1917~2010년)를 말한다.

기술자로서 꿈을 추구하고 사원들을 가족처럼 아꼈던 하야카와. 경리 전문가였던 사에키는 스물아홉 살에 이사로 취임한 후 실질적인 사장으로서 하야카와의 이상을 경영 속에서 실천해왔다.

부모자식만큼 나이 차이가 나는 두 사람은, 혼다의 창업자인 혼다 소이치로本田宗一郎와 후지사와 다케오藤沢武夫 같은 명콤비였다. 유력 은퇴자들의 증언을 바탕으로 샤프의 창업정신과 그것을 잃어가는 경위를 밝혀 보고자 한다.

액정은 가메야마가 마지막

'천황'이라고 불렸던 사에키는 1970년에 사장으로 취임했다. 제2차 세계대전 후 경영 위기에 빠졌을 때부터 경영의 지휘봉을 잡아서, 60년대부터 급성장을 이룩하는 많은 영단을 내렸다. 견고한 재무 체질을 마련하는 등 견실경영을 관철하면서도 조직 내에 자유활달한 풍토를 심어주었다는 의미에서는 최대의 공로자였다.

86년에 취임한 제3대 사장 쓰지 하루오는 사에키의 사위의 친형이고, 제4대 사장인 마치다는 장녀의 사위였다. 오너기업이 아님에도 불구하고 인척관계인 두 사람이 사장 자리에 앉을 수 있었던 것은 사에키의 압도적인 실적과 인망 덕분이었다. 그런 사에키는 나이가 들어서도 회사의 앞날을 걱정하고 있었다. 어느 유력한 퇴직자가 이런 에피소드를 밝혔다.

"2002년이었을 겁니다. 당시 80대 중반이었던 사에키 씨가 회사에 오셔서 이런 말씀을 하셨어요. '액정에 거액을 투자하는 것은 가메야마가 마지막이었으면 좋겠다. 우리 능력에 맞는 경영을 하지 않으면……. 이러다가 큰일이 날 수도 있다.' 유언 같은 느낌이 들었지만, 당시의 경영자는 그 말씀을 돌이켜보지 않았습니다."

2002년이라면 그 전년에 액정 텔레비전 '아쿠오스'가 발매되어 히트를 쳤던 시기였다. 사장이었던 마치다는 액정 기술을 내세워 '가전의 왕'인 텔레비전으로 세계의 일류회사가 되겠다는 야심에 불타서, 미에 현 가메야마 시에 대형 공장을 건설하고 있었다.

당시 텔레비전용 액정 패널을 양산하는 미에 공장에도 총 5,500억 엔이나 투자하고 있었다. 가메야마 공장의 건설을 우려하는 의견도 많았다. 사에키가 "가메야마가 마지막"이라는 말을 남긴 이유는, 액정이라는 하나의 제품에 경영 자원을 끝없이 퍼붓는 모습이 불안했기 때문일 것이다.

물론 가메야마 공장 건설을 결정한 마치다 본인도 저서 『온리 원은 창의력이다 オンリーワンは創意である』(분슌 신서文春新書) 속에서 불안한 심정을 토로하고 있다.

"(가메야마 공장에 대한) 투자는 1,500억 엔에서 2,000억 엔으로 늘어났다.

샤프의 2003년도의 매출이 약 2조 3,000억 엔. 투자액은 최종적으로 3,500억 엔이 되었는데, 그 시점에서 이미 매출의 약 10퍼센트를 투자한 셈이다. (중략) 가메야마 공장이 성공하지 못하면 지금까지의 투자는 헛수고가 된다――그렇게 생각하니 잠들 수 없는 나날이 이어졌다. 수면 부족으로 피로가 쌓일 대로 쌓였다."

가메야마 공장을 건설 중이었던 2003년 여름부터 2004년 1월에 걸친 반년 동안이, 9년간 사장으로 재임하면서 "가장 괴롭고 한시도 긴장을 늦출 수 없는 시기였다"고 마치다는 적었다.

하지만 가메야마 공장에서 생산하는 고품질의 액정 패널이 소비자로부터 높은 평가를 받아, 아쿠오스의 판매가 급격히 확대되자 액정의 확대전략이 된다. "가메야마가 마지막"이라는 사에키의 말은 까맣게 잊히고, 사카이 공장 건설 프로젝트가 발족되어 거액의 부채를 짊어지게 되었다.

전직 부사장의 증언

"사에키 씨가 조금만 더 오래 건강을 유지하셨더라면 샤프는 지금처럼 추락하지 않았을 것이다." 1955년에 입사하여 전자계산기 등 세계 최초의 제품을 수없이 개발한 전직 부사장인 아사다 아쓰시는 이렇게 술회한다. 아사다는 창업자인 하야카와와 사에키에게 직접 교육을 받은 마지막 세대였다.

사에키는 경리 전문가답게 견실한 경영을 해왔다. 재무체질은 제2차 세계대전 후의 한때를 제외하고 건전한 무대출경영이 이어지고 있었다. "설비 투자는 현금으로 지불하고 매출의 1퍼센트를 넘지 않는 것이 기본적인 룰이었습니다"라고 전 간부는 말했다. 90년대 전반의 자기자본비율은 50퍼센트나 되었다. 사에키가 오랫동안 엄격하게 재무를 관리해온 덕분이었다. 아사다는 사에키의 인품에 대해서 이렇게 말했다.

"옛날부터 사에키 씨와 함께 접대골프를 자주 나갔습니다. 사에키 씨의 골프는 그 분의 인품대로 아주 견실했습니다. 드라이버로 150야드 정도만 쳤어요. 게다가 무조건 똑바로 쳤지요. '그렇게 안전 위주의 골프가 재미있습니까?' 하고 물었더니 이런 말씀을 하셨어요. '아사다, 골프는 경영이랑 똑같아. 어디로 날아갈지 모르는데 힘만 믿고 마구 치면 안 돼'라고요. 사에키 씨답지요."

사라진 자유활달함

사에키의 견실경영은 재무를 안정시켜 장래에 대한 불안감을 줄이고, 자유롭게 새로운 기술에 도전할 수 있는 무대를 갖추기 위해서였다. '자유활달'은 샤프의 대명사였지만 최근 10년 사이에 점점 사라지고 있었다. 히트 상품도 손가락으로 꼽을 수 있을 만큼밖에 나오지 않았다. 어느 유력 은퇴자는 이렇게 지적했다.

"(제3대 사장인) 쓰지 씨는 약속을 깨트리면 화를 냈지만 실패했다고 야단을 치지는 않았습니다. 그래서 쓰지 씨 시절까지는 자유로웠지요. 마치다 씨는 불만을 털어놓는 사람을 용서하지 않았기 때문에 분위기가 점점 변해갔어요. 액정 텔레비전으로 성공한 탓에 착각에 빠졌는지 '(회사로서) 일류 의식을 가져라' 같은 말을 했습니다. 그러면 이전처럼 모험을 할 수가 없죠."

차기 사장으로 내정된 마치다(좌)와 쓰지 하루오 사장
(1998년 5월).

미국전기전자학회IEEE는 기술 분야의 역사적인 업적을 칭송하는 'IEEE 마일스톤'에 샤프의 제품 세 가지를 선정했다. 전자계산기, 태양전지와 14인치의 액정 모니터다. 세 번이나 수상한 것은 일본기업으로서 처음 있는 쾌거였다.

이 세 가지 제품의 개발에도 사에키가 깊이 관여했다. 전자계산기 등을 개발한 것은 60년대에 오사카 시 아베노 구의 본사에 개설한 중앙연구소다. 아사다 같은 젊은 사원이 회식에서 하는 이야기를 사에키가 듣고 결단했다. 아사다가 그 경위를 말했다.

세계 최초로 전자계산기 개발

"1958년 연말 무렵부터 젊은 사원들끼리 한 잔 하다가 새로운 기술을 개발하자는 말이 나왔습니다. 당시 전무였던 사에키 씨가 어느 날 그 이야기를 듣고는 우리를 불렀죠. 동료 서넛이랑 반도체 등의 신기술을 설명하자 바로 중앙연구소를 만든다는 결정을 내렸습니다. 당시는 텔레비전의 개발로 바빠서 매일같이 철야였어요. 그래서 우리 부장님이 엄청 화를 냈죠. '전무님에게 무슨 말을 한 거야? 이 바쁜 시기에 무슨 수로 연구소를 만들어?' 하고."

사에키는 100명에 불과했던 회사의 기술자들 중에서 아사다를 비롯한 20명을 연구소로 발령하고, 반도체나 계산기 등의 개발에 전념하라고 했다. 아사다가 리더가 되어 담당한 것이 전자계산기였다. 오사카대학의 공학부 교수에게 전자계산기 개발의 고문을 부탁했다.

사에키는 교수에게 인사하면서 "우리 같은 회사는 일반 대중이 고객입니다. 채소가게 여주인이 사용할 만한 계산기를 만들 수 있도록 지도해주십시오"라고 부탁했다. 이 교수는 "회사의 경영자가 터무니없는 소리를 한다" 싶어서 놀랐다.

당시는 미국 IBM 등이 일본에서 계산기를 판매하고 있었는데 대당 수억 엔은 했다. 그러나 샤프의 제품이 그 가격에 팔릴 리가 없었다. 1964년에 개발된 전자계산기는 무게가 25킬로그램, 판매가격은 53만 5,000엔. 당시의 물가로 따지면 자동차 가격과 맞먹었지만, 판매가 잘 되어서 개발비를 회수할 수 있었다. 중앙연구소는 설비도 충분히 갖추지 못했지만, 젊은 사원들에게 권한을 위양하여 태양전지 개발에도 나섰다.

"센리보다 덴리"

사에키가 내린 최대의 결단은, 1970년에 나라 현 덴리 시에 건설한 '종합개발센터'였다. LSI(대규모집적회로)의 공장과 중앙연구소, 인재교육센터를 설치했다. 당시의 자본금이 105억 엔이었는데 종합개발센터에 75억 엔을 투자했다. 세계 최첨단의 연구 설비를 갖추고 기술자가 자유활달하게 개발에 몰두할 수 있는 체제를 마련했다.

'능력에 맞는 경영'이 신조인 사에키지만, 덴리가 샤프의 미래를 결정한다고 믿고 거액을 투자한 것이었다. 부담이 너무 컸기 때문에 오사카 센리千里에서 열리는 일본만국박람회 출전은 단념했다. 샤프의 역사에서는 '센리보다 덴리'라고 회자되는 영단이었다.

물론 "본거지에서 열리는 오사카 만국박람회에 참가하지 않아도 괜찮나?"라는 의견이 사내에서도 강했다. 사에키는 주위 사람들을 이렇게 설득했다. "귀중한 자금은 장기적으로 이용이 가능한 시설에 투자하는 편이 경영면에서 유의미하다." 전자계산기는 경합 타사가 잇따라 참가하여 이익이 악화되고 있었고, 만회하려면 키 디바이스인 반도체 기술을 강화할 수밖에 없었다.

『샤프의 '액정 패전'의 교훈シャープ 「液晶敗戦」の教訓』(실무교육출판実務教育出版)을 저술한 나카타 유키히코中田行彦는 사명을 샤프로 바꾼 다음 해인 1971년에 입사. 현재는 리쓰메이칸立命館 아시아태평양대학 교수이다. 반도체 연구를 희망하여 덴리의 연구소에 배속되었던 당시를 이렇게 회상했다.

"덴리는 대학처럼 자유로운 장소였습니다. 매월 열리는 보고회의에서는 상사에 해당하는 계장님도 부하인 제 연구 내용이 뭔지 몰랐을 정도였죠. 연구소 현관에 '조물주의 목소리를 들어라'라는 글귀가 걸려 있었던 것이 기억납니다. 무언가를 개발할 때에는 자연의 도리에 따르라는 뜻이겠죠. 독특한 분위기가 있는 곳이었습니다."

경영자를 속여라

사에키가 기대했던 것처럼, 덴리의 연구소는 샤프의 최대 장점인 액정 기술 개발에서 커다란 성과를 쌓아갔다. 원래 액정은 전직 부사장 사사키 다다시佐々木正가 전자계산기의 표시장치로서 눈독을 들였던 물건이었다. '734 프로젝트'라고 불린, 1973년 4월에 세계 최초의 액정 전자계산기를 발표한다는 계획은 아사다가 전체적으로 총괄했다.

발매된 전자계산기는 버튼을 누른 다음의 반응 속도가 느려서 숫자가 한 박자 늦게 스윽 표시되었다. 판매점은 "요괴 전자계산기"라면서 불길해했지만, AA건전지 한 개로 100시간이나 사용할 수 있는 경이적인 절전 기능 덕분에 대히트 상품이 되었다. 사장인 사에키도 "멋진 물건을 만들어냈다"면서 기쁨을 감추지 못했다.

덴리의 연구소는 액정기술의 연구를 계속했다. 1986년에는 14인치의 액정 모니터를 발표했다. 앞에서 언급한 미국전기전자학회가 표창한 제품 중 하나다. 액정 전자계산기 무렵부터 개발은 실패를 거듭하여 적자가 늘어났다. 그래도 개발팀은 14인치 모니터의 모니터 부분에 그림을 넣은 시제품을 수뇌진에게 선보이고 "이런 일을 할 수 있습니다"면서 설득했다. 액정 개발 멤버 중 한 명은 이렇게 말했다.

"샤프의 기술자는 경영자를 속여야만 진짜배기라는 말을 들었습니다. 경영자는 꿈에 굶주려 있었습니다. 기술자가 머릿속에 있는 것을 말로 전달하는 것은 한계가 있습니다. 경영자를 속여서라도 돈과 사람을 지원 받지 않으면 혁신적인 기술을 만들어낼 수 없습니다." 이것도 샤프의 자유활달함을 대변하는 에피소드다.

무너진 불문율

사라진 창업정신 중 하나는 하야카와가 실천한 '가족주의 경영'일 것이다. 전직 부사장인 아사다는 자신이 입사했던 1955년 무렵의 하야카와에 대해서 이렇게 술회했다.

"창업자인 하야카와 씨는 온후한 분으로, 생일을 맞이한 사원을 사장실로 불러서 직접 홍백만주를 선물했습니다. 새해 인사도 본사 한쪽에 있는 하야카와의 자택으로 찾아가서 드렸지요. 하야카와 씨는 술을 좋아하셨는데 사원에게도 덴구天狗(일본의 요괴로 얼굴이 붉고 코가 높다-역자 주) 가면을 본뜬 잔에 신주를 따라서 주셨습니다. 코 부분에 술을 따르기 때문에 마시지 않으면 잔을 내려놓을 수가 없었습니다. 사원을 가족처럼 아끼셨지요."

하야카와는 제2차 세계대전 후 경영 위기에 빠졌을 때 은행에서 요구한 인원삭감을 거부했다. "사원이 재산이다"라는 말을 입으로만 하는 것이 아니라 행동으로 실천하는 사람이었다. 이 경위는 전술한 마치다의 저서 『온리 원은 창의력이다』에도 나온다. 조금 길지만 중요하므로 인용한다.

"하야카와 씨는 '아끼는 사원들의 목을 자르면서까지 회사를 존속시키고 싶지는 않다. 그럴 바에는 사장을 그만두고 회사를 닫겠다'고 단언했다. (중략) 사장님의 뜨거운 애정을 알게 된 종업원들 사이에서 '어떻게든 회사를 살리자'는 소리가 터져 나왔다. 1950년 9월 조합원의 손으로 자주퇴직자를 모집하여, 조합장을 비롯하여 전 종업원의 약 35퍼센트에 해당하는 200명 가량의 희망퇴직자가 나왔다. 창업 이래 단 한 번뿐이었던 대대적인 구조조정이었다. 그 사건을 교훈으로 샤프는 '두 번 다시 인원정리를 하지 않는다'는 불문율이 탄생했다."

마치다도 사장으로 취임한 1998년에 소비불황으로 실적이 악화되자 잉여인원의 삭감을 검토했지만, 결국은 단념했다고 한다. 하야카와의 가르침을 따랐기 때문이었다.

"샤프가 어떤 회사인지 자문했을 때 문득 깨달았다. '타사가 모방하고 싶어지는 독창적인 상품을 만든다'는 정신이 창업 이래 줄곧 샤프의 유전자이자 기업 풍토가 아니었나. (중략) 샤프에는 시간을 들여서 배양해온 풍토가 있기 때문에 독창성이 있는 기술을 키울 수 있었다. 그러면 그 풍토는 도대체 누가 만든 것인가? 회사에서 일하는 종업원이다. 하지만 경험 풍부한 인간이 구조조정 때문에 회사를 떠나면 그 동안 쌓아온 것이 제로가 된다. 사람이 풍토를 만들고, 풍토가 다시 인간을 양성하여, 독창성 있는 상품이 태어난다——이 사이클이 바로 '온리 원'을 탄생시키는 정수인 것이다."

마치다는 저서를 펴낸 2008년 당시에는 정말로 그렇게 믿었을 테지만, 이 불문율은 간단히 무너졌다. 자신이 강경하게 추진한 액정 전략이 실패하고, 후임 사장인 가타야마 미키오와의 인사 항쟁으로 경영이 혼란에 빠지자 많은 종업원이 길거리를 헤매게 되었다. 창업자의 가족주의 경영은 과거의 것이 되었다. 억울한 것은 사원들이었다.

모방할 수 없는 기술

샤프펜슬 등 수많은 제품을 발명한 창업자 하야카와가 남긴 유명한 가르침 중 하나가 "남이 모방하고 싶어지는 물건을 만들라"였다. 이것도 샤프 경영진의 오해로 회사를 기울게 만든 요인이 되었다.

하야카와는 자주 이런 말을 했다. "항상 남이 모방하고 싶어지는 물건을 만들어야 한다. 남이 모방을 해주기 때문에 진보한다. 남이 선전해주는 덕분에 팔린다. 내가 만든 것은 누구나 모방할 수 있도록 되어 있다. 모방이 불가능한 물건은 그다지 없다."

타사가 모방할 만큼 혁신적인 기술을 개발하는 것뿐만 아니라, 특허로도 기술을 지켜낼 수 없으므로 자꾸 새로운 제품을 만들어내는 것이 중요하다는 것이 하야카와의 진의였다. 저서 『나의 사고방식私の考え方』(나니와 샤浪速社)에도 이렇게 적었다.

"모방을 할 때는 일단 특허가 장애물이지만, 특허로 막았다고 해도 빈틈은 얼마든지 있는 법이다. 꼭 필요한 부분에만 특허료를 지불하면 대개 간단히 모방할 수 있다. 모방이 경쟁을 낳고 기술력을 높이고 사회의 발전으로 이어진다. 다만 선발업체는 늘 후발업체의 추적을 받고 있는 셈이니까, 바로 다음 단계를 고안하지 않으면 안 된다. 공부를 게을리 해서는 안 된다. (중략) 더 뛰어난 제품을 연구하게 되므로 모방을 당하는 것 또한 결국은 나를 더 발전시키는 데 도움이 된다고 생각한다."

하야카와는 세계 최초, 일본 최초의 제품을 차례차례 탄생시켰다. 타사가 모방하는 것을 개의치 않고 다음 제품의 개발에 몰두했다. 그것이 '승리의 방정식'이었다.

하야카와는 1912년, 열여덟 살이라는 젊은 나이에 도쿄 고토 구江東区에 금속가공회사를 설립했다. 1915년에는 샤프펜슬을 발명해서 특허를 취득했다. 1923년의 간토關東대지진 때문에 공장과 가족을 잃었다.

재기하려고 오사카에 공장을 세웠다. 1925년에는 국산 최초의 광석라디오를 제품화했다. 타고난 금속가공기술을 사용해서 부품을 충실하게 재현했다. 수입품의 반값 이하라 크게 히트했다. 라디오에는 'SHARP'의 브랜드를 붙였다. 그 후로도 텔레비전 등 신제품 개발을 추진했다. 하나가 성공했다고 그 제품에 매달려 다음 단계로 나아가지 않으면 경영이 성립되지 않는다는 것이 창업자의 생각이었다.

온리 원의 실패

샤프의 경영 위기는 원래 액정 기술을 독점할 수 있다는 착각 때문에 발생했다. 2004년에 가동한 가메야마 공장에서는 "기술을 블랙박스화하겠다"고 말해왔다. 재료나 장치 등 거래처에 정보가 유출되는 것을 방지하려고 했지만 뜻대로 될 리가 없었다. 액정으로 성공을 거두었으면 그 다음 단계로 넘어가야 마땅하지만, 지나친 과잉투자 때문에 여유가 없었다.

마치다의 경영 철학은 "넘버 원보다 온리 원"이었다. 강연회에서는 "자사의 장점을 파악해서 갈고 닦는다. 곁눈질을 하면서 경영했다가는 자신을 잃는다"면서 액정의 확대노선을 정당화했다. 그러나 그 판단 때문에 비싼 대가를 치르게 되었다.

아쿠오스의 성공 덕분에 경영진은 교만해졌다. 도전자로서의 겸손함이 사라져버린 것이다. 5대 사장인 가타야마가 "액정 다음도 액정입니다"라고 말한 적이 있었다. 아마도 하야카와라면 액정 다음은 액정이 아니라고 생각했을 것이다.

게다가 가메야마 공장이 가동하여 '세계의 가메야마 모델'로 칭송받았던 2005년에는, 업계의 맹주라는 기분에 젖어 우쭐해졌다. "전기업계의 파티에서는 건배사나 퇴회사를 부탁받는 일이 많아졌습니다. 이전에는 없었던 일이었습니다. 그런 일이 계속되자 지명되는 게 당연한 것처럼 여겨졌습니다. 마치다 씨 일파가 착각에 빠질 만도 하지요."(유력 은퇴자)

액정의 봄은 오래가지 않았다. 사카이 공장의 건설이 결정된 2007년 무렵에는 한국의 대기업 등도 고품질의 액정 텔레비전을 개발하기 시작했다.

다른 은퇴자는 이렇게 지적했다. "액정 기술을 독점하려고 생각한 것이 무리였습니다. (경영악화의 커다란 원인이 된) 사카이 공장도 타사에서 '출자할 테니까 우선적으로 공급해 달라'고 요청해와도 소니 이외는 전부 거절했습니다. 단독으로 능력에 넘치는 거액 투자를 하는 바람에 위기에 빠졌습니다. 온리 원이 아니라 론리 원이 되어 자멸했다고 봐야겠지요."

사라져가는 샤프의 장점

샤프가 소비자의 시선에 맞춘 히트 상품을 연속 발매한 것은, 3대 사장 쓰지가 취임한 1986년 이후였다. "독창적인 아이디어의 샤프"라는 것이 캐치 프레이즈였지만 이 장점도 사라져갔다. 경영 위기 때문에 독창적인 가전상품을 탄생시킬 여유가 현장에서 사라진 것이었다.

샤프가 경합 타사를 깜짝 놀라게 만드는 상품을 내놓은 것은, 쓰지가 전무로 있을 때 설립한 '생활소프트센터'의 존재 덕분이었다. 덴리의 연구소에 있는 생활소프트센터는 전체 인원의 30퍼센트 정도가 여성인,

당시로서는 몹시 유니크한 곳이었다. 같은 센터에 재적한 적이 있는 전 간부는 말했다.

"센터는 철저하게 남녀평등이라서 자유롭게 의견을 교환하는 분위기를 가장 중시하고 있었습니다. 책상 배치도 독특했지요. 자기 책상 앞으로 남의 책상 옆면이 오도록, 눈앞에 동료의 옆모습이 보이도록 배치했어요. 책상 네 개가 한 덩어리가 되어서 위에서 내려다보면 수리검 같은 형태를 하고 있었습니다. 항상 눈앞에 동료가 보여서, 커뮤니케이션을 촉진하는 것이 목적이었습니다."

생활소프트센터는 1991년에 생활소프트 기획본부로 승격되었고, 사내에서의 위치도 커지는 가운데 세계 최초의 상품이 몇 가지나 탄생했다. 그중 하나가 전자레인지와 오븐토스터를 하나로 합친 '오븐레인지'였다. 둘을 하나로 합친 덕분에 공간을 절약하고 해동에서 굽기까지 간단하게 해결할 수 있었다. 여성의 사회 진출이 늘어남에 따라 가사에 드는 시간을 줄이고 싶다는 요구를 반영한 상품이다.

업계 최초의 양문형 냉장고도 여기에서 태어났다. 부엌의 구조에 상관없이 설치할 수 있는 이 획기적인 냉장고는, 센터에 소속된 기술자의 아내가 달고 있던 브로치가 힌트가 되어 우측으로도 좌측으로도 열 수 있는 기구의 개발로 이어졌다.

"모든 상품에 액정을"이라고 선언한 쓰지는 워드 프로세서나 전자 시스템 수첩 등의 제품에도 점차적으로 액정을 탑재하도록 명령했다. 그중에서 촬영한 동영상을 비디오카메라의 커다란 액정으로 금방 확인할 수 있는 '액정 뷰컴'(1992년 발매)은 대히트 상품이 되었다.

그러나 쓰지 시절 후반기에는 소비자의 요구를 최우선시한 상품을 개발한다는 장점이 사라졌다고 한다. 어느 액정사업의 전 간부는 말했다.

"샤프는 덴리나 미에에 액정 공장을 세우는 바람에 액정이 과다하게 생산되어 직접 사용할 수밖에 없게 되었습니다. 액정 뷰캠처럼 히트 상품이 탄생한 것은 사실입니다. 그러나 냉장고에 액정을 다는 등 모든 상품에 액정을 탑재한다는 전략에는 명백하게 무리가 있었습니다. 액정을 다 소화하지 못하자 반강제로 상품 측에 떠넘겼어요. 그래서는 팔리는 상품을 만들지 못하죠." 아이디어가 독창적이라는 샤프라는 장점이 사라지고 있었던 것이다.

전해 내려와도 계승되지 않는 경영

다카하시 사장은 창업정신을 제외한 모든 것을 바꾸고 경영을 재건하겠다고 강조해왔다. 그러나 하야카와의 유명한 말을 가슴 주머니에 넣고 다니면서 훈시해도 사원들에게 통하지 않았던 것은 아닐까? 대부분의 샤프 사원들은 회사가 기울어진 원인이, 마치다 이후의 경영진의 판단 미스와 성과 없는 항쟁에 있다고 통감했기 때문이다. 결국 현장에서 땀을 흘리는 평범한 사원들에게 책임을 전가했다.

논픽션 작가 사토 마사아키佐藤正明는 저서 『혼다 신화, 교조가 사라진 후에ホンダ神話—教祖のなき後で』(분슌 문고文春文庫)의 에필로그에서 이토요카도(현재 세븐&아이 홀딩스)의 창업자인 이토 마사토시伊藤雅俊의 말을 인용했다. 창업자의 경영은 '광기'이자 '전해 내려와도 계승되지 않는다'고. 빛나는 창업자의 활약은 쉽게 떠들어대지만, 실제로 경영에 재현하는 것은 거의 불가능하다는 의미다.

샤프가 창업정신을 원동력으로 재건을 노린다는 것은 간단한 일이 아

144

니었다. 애초에 창업정신은 사원 한 명 한 명이 가슴에 새겨넣고 날마다 실행해야 하는 것이지만, 경영자에 대한 불신이나 불만이 마그마처럼 고인 사원들에게 창업정신을 요구하는 것은 혹독하다. 샤프의 위기를 초래한 원인은, 경영자들이 창업정신이라는 최대의 재산을 잃을 때까지 그 중요성을 깨닫지 못했기 때문이 아닐까.

제6장

위기 재연으로 내분 발발

즉흥적인 발언

2014년 12월 27일, 본사 2층의 임원실에서 다카하시 고조는 힘없이 어깨를 늘어트렸다. "정말로 적자인가?" 매주 토요일에 열리는 정례 간부회의. 재무 부문에서 처음 제출된 2015년 3월통기의 전망. 자료에는 출석한 간부 누구도 예상하지 못한, 충격적인 숫자가 기록되어 있었다. 이 견적이 올바르다면 샤프는 경영이 재건되기는커녕, 회사가 존속할 수 있을지 어떨지 모르는 벼랑 끝으로 갑자기 내몰린 셈이었다. 그것을 뒷받침하듯이 자료에는 이런 글귀가 반복적으로 적혀 있었다.

"실적 하락에 따른 두 은행의 자세 변화를 방지한다." "계속적인 지원을 받을 수 있도록 은행 내부 결재 수속을 개시할 길을 찾는다." 순조롭게 재건되고 있는 것처럼 보였던 샤프가 갑자기 적자로 전락해버리면, 신용불안 또한 재연될지 몰랐다. 우선 당면의 자금을 마련하기 위해서 계속적으로 메인뱅크의 지원을 얻어내는 것이 최우선이었다. 이 문언은 자료를 작성한 재무 부문에서 지르는 비명이자 모든 간부에게 던지는 '경고'이기도 하다.

샤프는 2012년 3월기와 2013년 3월기의 2년 동안, 9,000억 엔이 넘는 거액의 최종 적자를 계상했다. 그런 밑바닥에서 기어 올라와 2014년 3월기에는 3년 만에 흑자 전환을 이룩했다. 일본 산업계를 둘러보아도 '아베노믹스' 등의 혜택으로 과거 최고수익을 내는 기업도 속출하고, 부실기업의 구조조정도 일단락된 참이었다. 그런데 느닷없이 적자가 났다. 대규모의 인원삭감 등 요 3년간 실천해온 뼈를 깎는 듯한 개혁이 무의미해진 것이나 다름없었다.

"샤프 적자 전락, 2015년 3월기 최종, 텔레비전 등 부진" 2015년 1월

적자 전략이 예측된다고 발표하는 다카하시 사장
(2015년 2월).

19일자 일본경제신문 조간에 실린 뉴스에 미즈호은행, 미쓰비시도쿄UFJ
은행이라는 두 주거래 금융기관 내부는 뒤숭숭했다. 물론 수뇌진들은 미
리 귀띔을 받았지만 많은 은행 간부들은 샤프의 현상을 몰랐다.

"그렇다면 다카하시는 왜 그런 발언을 했는가?" 샤프 사내도 벌집을
건드린 것처럼 난리가 나서, 다카하시에 대한 불신감이 한꺼번에 터져
나왔다.

겨우 2주일 전인 1월 5일에 열린 연초의 항례 기자간담회에서 샤프의
다카하시 사장은 "액정의 사업 환경은 좋고 수요도 왕성합니다. 좋은 방
향으로 가고 있는 것은 틀림없습니다"면서 자신감을 드러냈었다. 다카하
시는 가끔 즉흥적인 발언을 할 때가 있는데, 회사를 책임진 수장으로서
말한 것일지라도 용서하기 힘들었다.

적중한 경종

"우리를 둘러싼 환경은 급격하게 악화되고 있습니다. 일개 사업부의 약간의 균열이 회사 전체에 영향을 끼칠 수도 있는 '살얼음판'이라고 할 수 있는 상황입니다. 사내에서 '줄다리기'를 할 여유는 없습니다. 지금 저는 '개혁 피로 증후군'이나 '선조 회귀'를 몹시 우려하고 있습니다. 조금이라도 '우리는 위기를 극복했다'고 생각하는 사람이 있다면 즉시 그 생각을 고치십시오."

다카하시는 2014년 10월 1일, 사원들에게 개혁의 고삐를 늦추지 않겠다는 메시지를 보냈다. 2014년 3월기에 이어서 2014년 이사분기도 흑자를 확보했다. 부실기업이 결산단신 등에 경영의 앞날에 관한 우려를 표시한 글귀도 샤프는 2년 만에 삭제했다. 반면 다카하시가 보기에 사원들의 위기의식이 급속도로 엷어지고 있는 것처럼 보였다. 다카하시가 울린 경종은 3개월 후에 '적자 전락의 전망'이라는 형태로 현실이 되었다.

적자의 최대 원인은 이번에도 액정 패널 사업이었다. 11월부터 주전장主戰場인 중국시장에서 스마트폰용 중소형 패널의 판매가 급속하게 줄어서 전체 수익이 크게 떨어졌다.

다카하시의 측근 간부는 이렇게 분석했다.

"다카하시 씨는 액정을 하나도 몰랐습니다. 특히 2014년 가을 이후 액정이 자꾸만 악화되었던 것을 최고경영자로서 파악하지 못했습니다. 그것은 다카하시 씨의 책임이라고 생각합니다. 자신과 가까운 사람을 가메야마로 파견했지만 그 사람도 액정의 문외한이었습니다. 결국 액정을 총괄하는 호시方志 (노리카즈) 전무의 정보를 과신한 겁니다. 액정이 가장 불안하다면 직접 가메야마에 가보면 될 것을, 그렇게 안 했습니다.

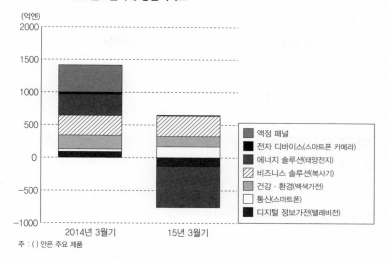

도표 6-1 2015년 3월기에 영업적자로

(억엔)

범례:
- 액정 패널
- 전자 디바이스(스마트폰 카메라)
- 에너지 솔루션(태양전지)
- 비즈니스 솔루션(복사기)
- 건강 · 환경(백색가전)
- 통신(스마트폰)
- 디지털 정보가전(텔레비전)

2014년 3월기   15년 3월기

주 : ( ) 안은 주요 제품

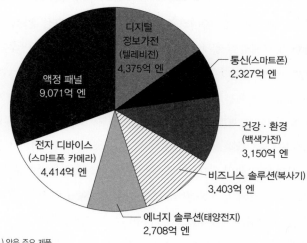

도표 6-2 샤프의 사업별 매출 (2015년 3월기)

디지털 정보가전(텔레비전) 4,375억 엔

통신(스마트폰) 2,327억 엔

액정 패널 9,071억 엔

건강 · 환경(백색가전) 3,150억 엔

비즈니스 솔루션(복사기) 3,403억 엔

전자 디바이스(스마트폰 카메라) 4,414억 엔

에너지 솔루션(태양전지) 2,708억 엔

주 : ( ) 안은 주요 제품

호시 씨는 '괜찮다, 아직 만회할 수 있다'고 생각했고, 다카하시 씨도 저런 성격이라서 엄하게 추궁하지 않았습니다. 아니, 불가능했을 겁니다. 아무도 당사자 의식이 없었으니까요. 그래서 재연된 위기니까 자업자득이라고 할 수 있습니다."

은행 파견임원의 우울

적자로 전락할지 모른다는 전망을 듣고 새파래진 것은 은행에서 파견된 임원도 마찬가지였다. 12월 말의 회의 이후, 미즈호은행 출신의 하시모토 아키히로橋本明博는 평소보다 과묵해졌다. 미쓰비시도쿄UFJ은행 출신의 하시모토 요시히로는 유창했던 입담이 자취를 감추었다. 두 사람의 직함은 샤프의 이사. 지난 2012년의 위기 후에 새롭게 마련된 메인뱅크 출신의 임원직이다.

은행에서 파견된 것이 아니라 이적이지만, 각자의 출신 은행에 샤프의 경영 상황을 보고하는 등 이른바 메인뱅크의 '감시역'을 맡았다. 샤프는 두 주거래은행의 영업담당 간부들에게 사업상황을 설명하는 '모니터링 회의'에서도 "앞으로 회복될 것이다"라는 긍정적인 정보를 전달하고 있었다.

"이번에 유감스럽게도 연말부터 사사분기까지 예기치 못한 사태가 벌어졌습니다. 다만 샤프의 경영진도 적자가 발각되기 직전까지 상황을 파악하지 못했다고 들었습니다." 한숨을 섞어서 이렇게 말한 사람은 미쓰비시도쿄UFJ은행의 은행장인 히라노 노부유키平野信行였다.

히라노의 말투에서 간부가 회사의 주력사업이 향상되고 있는지 어떤지조차 파악하지 못했다는 사실을 짜증스러워하는 기색이 느껴졌다. 히라노는 "이제부터는 함께 경영하면서 모니터링할 필요가 있다"고 말했다. 또한 샤프의 급격한 업적 변화를 실시간으로 파악하지 못했던 것을 자책하면서, 경영에 대한 감시를 강화할 필요성을 강조했다.

앞과 뒤의 숫자

거액의 자금을 빌려주고 샤프의 생살여탈권을 잡은 주거래은행조차 경영 실태를 짐작하지 못했던 것이 백일하에 드러났다. 샤프 본사의 중추마저 각 사업부의 실적을 파악하기가 몹시 어려워서, 이런 이야기가 전해지고 있었다.

"샤프에는 앞과 뒤의 두 가지 숫자가 있다." 강력한 경영자가 장기간 군림했기 때문에 책임 추궁을 두려워한 사업부가 정보를 내부에 감추는 풍토를 야유한 말이다.

나쁜 정보를 보고하지 않는 것은 물론 좋은 정보조차 꽁꽁 숨긴다. 매년 사분기마다 실적이라는 숫자를 보고받은 본사가 각 사업부에게 실적 향상을 요구하자, "예상했던 것보다 간단하게 이익이 불어난 적도 있다"(재무부문 간부)고 했다.

다카하시가 사장으로 취임한 이후, 본사의 경리 겸 경영기획 책임자로서 압도적인 권한을 가졌던 오니시 데쓰오 부사장도 정확한 재무정보를 적시에 파악하기 힘들었다고 한다.

다카하시는 회사에 스며들은 은폐체질을 과도하게 상사에게 아첨하는 것과 합쳐서 '괴상한 문화'라고 불렀다. 하지만 다카하시는 사장으로 취임하고 2년 가까이 이런 풍토개혁에만 부심했다. 아무리 정신주의를 추구하더라도 경영위기가 재차 닥쳐오면 본인의 수완이 얼마나 어설픈 것이었는지 명확하게 드러났다.

2014년 12월 중순, 다카하시는 기자와의 간담회 석상에서 목전의 경영 과제에 관하여 이렇게 말했다. "현장 사원들의 '열의'와 '의욕'을 활용하는 것이 경영자의 임무입니다. '도전정신'이 있으면 설령 실패하더라도 반드시 미래로 이어진다고 생각합니다." 다만 심각한 실적 부진에 빠진 지금은 이렇게 낙천적인 말을 하고 있을 여유가 없었다. 메인뱅크의 지지를 조급히 해결하지 않으면 샤프의 미래는 캄캄했다. 낙관적인 다카하시도 엄격한 현실을 깨달았다.

두 주거래은행의 계속적인 지원

2014년 12월 말의 간부회의에서는, 2015년 3월기의 연결영업이익이 당초 예상인 1,000억 엔에서 반감된 500억 엔으로, 흑자 예상이었던 최종손익이 200억 엔의 적자로 전락한다고 예상했다. 느닷없는 적자 전락을 메인뱅크에게 어떻게 설명할까? 모든 간부가 머리를 싸맸다.

샤프의 재무체질은 위태로운 수준이었다. 자기자본비율은 10퍼센트를 밑돌고 유이자부채가 1조 엔 규모였다. 두 주거래은행에서 전면적인 지원을 받는 덕분에 샤프는 간신히 유지되고 있었다. 메인뱅크의 지속적인 지원이 없으면 경영 재건 등은 헛꿈이 되어버린다.

"새롭게 개발한 액정 패널로 만회한다"는 줄거리를 썼던 지난 2012년의 위기 때와는 달리 이번에는 손 쓸 방도가 없었다. 말 그대로 벼랑 끝으로 내몰린 셈이었다.

어느 사원이 말했다. "유감스런 일이지만 경영 간부들 사이에서 '보신保身'이란 다리 잡아당기기가 격렬해졌습니다." "침몰하는 타이타닉호 안에서 의자 뺏기 놀이를 하고 있다"는 말을 들은 산요전기의 희비극이 샤프에서도 펼쳐지게 되었다.

"무리하지 않아도 괜찮아"

"무리할 것 없습니다. 매출의 계상을 앞당길 필요는 없으니까." 2015년 1월 상순. 샤프의 경리 담당 간부들이 가메야마 공장 등 액정사업의 주력 거점을 방문해서 이렇게 말했다.

2014년 가을 이후 중국에서 판매가 저조한 액정 사업은 회사 전체의 실적을 조이는 주요 원인이 되었다. 그 뒤로 액정 사업 책임자인 호시 전무는 "어떻게든 팔아서 극복해라. 죽을 각오로 노력해라"면서 독촉하였다. 앞에서 언급한 말을 액정 담당인 어느 사원이 회상했다. "모든 부담감에서 해방되어 마음이 편해졌습니다."

지병인 요통을 수술하기 위해 연말부터 연초에 걸쳐서 입원해 있었던 호시에게는 재무 부문의 동향이 알려지지 않았다. 재무 총괄 부사장인 오니시가 고삐를 늦추는 지시를 내린 탓도 있어서, 2015년 일사분기에 샤프의 액정 매출은 300억~500억 엔 정도 줄어들었다. 원래대로라면 반격이 필요한 시기인데 왜 오니시는 고삐를 늦추는 판단을 내렸을까? 어느 간부가 이렇게 말했다.

"오니시 씨는 설령 2015년 3월기에 최종적자가 나더라도 두 주거래은행의 금융 지원으로 극복할 수 있다고 생각했습니다. 샤프는 2년 전에도 경영 재건 명목으로 메인뱅크에서 지원을 받았습니다. 출자를 허가해준 대부분의 은행 수뇌가 수뇌진에 남아 있었습니다. 샤프가 위태로워지면 빌려준 책임을 져야 해서 저쪽도 난처해질 테니까요." 게다가 두 주거래은행은 샤프에 이사까지 파견해서 경영을 감시하고 있었다. 은행과의 협상 담당이었던 오니시는 두 주거래은행이 지원에 협력해줄 것이라고 예상하고 있었다.

액정 사업 분리론

재건책을 마련하는 작업은, 은행에서 파견된 두 명의 하시모토가 중심이 되어 메인뱅크가 주도권을 쥐었다. 주거래은행 두 곳은 2015년 1월부터 재건계획책정팀에 현장 스태프도 파견하고 있다.

주거래은행 중 하나인 미쓰비시도쿄UFJ은행에서는, 여력이 없는 샤프가 부침이 격심한 액정 사업을 계속 유지하는 것은 무리라는 의견이 강했다. 한 간부는 "액정을 포기하면 계속 지원해주겠다고 했습니다"라는 말을 들었다고 털어놓았다.

일반적으로 거액의 특별손실을 미리 계상해서 대상 사업의 평가액을 떨어트려두면 장차 사업을 매각하기 쉬워진다.

2015년 3월기에 샤프는 액정 패널 생산 설비의 감손이나 재고 처리 등으로 1,000억 엔 이상의 손실을 계상하고, 다음 해 액정 사업의 고정비 등을 전년대비 400억 엔 가까이 인하했다. 얼핏 단순한 회계상의 처리로 보이지만, 사실은 샤프의 본거지인 액정 패널 사업을 처분하기 위한 준비가 은밀하게 진행되고 있었다.

막후의 사장 오니시

재건책을 마련할 때 샤프 측에서 중요한 존재는 실력자인 부사장 오니시다. 다카하시와 같은 해에 태어났지만 1년 일찍 입사했다. 1979년에 샤프에 들어와 주로 경리 업무를 맡아왔다. 샤프는 오랫동안 무대출경영을 해온 만큼 경리가 주류 부문 중 하나였다. 2003년에 경리 책임자인 본부장이 된 오니시는 마치다 가쓰히코나 가타야마 미키오가 사장이었을 때도, 모든 수치를 파악하고 있는 '금고지기'로서 회사의 중추에 있었다.

그렇게 경리 외길을 걸어온 오니시가 사업부를 맡았던 적이 한 번 있었다. 2010년에 태양전지 사업의 책임자가 되었다. 마치다를 비롯한 최고 간부들의 입장에서 보자면, 오니시의 진짜 실력을 시험해본다는 의미가 있었다. 그러나 여기서 적자를 낸 오니시는 다음 해 유럽, 중유럽, 동유럽 부본부장으로서 영국으로 파견되었다. "숫자에 무척 강하고 머리가 좋다. 대화술도 능숙하다. 다만 비즈니스의 실적은 없다." 오니시에 대한 사내외의 공통된 견해다.

액정에 거액을 투자한 것이 실패로 끝나자, 경영이 힘들어진 샤프로서는 메인뱅크와 대등하게 협상할 수 있는 오니시가 빼놓을 수 없는 존재였다. 경영이 위태로워지자 회사는 유럽에 부임한 지 1년밖에 안 된 오니시를 다시 본사로 불러들였다. 2012년 4월에 다시 경리 책임자가 되어 경영 재건의 최전선에 서게 되었다. 메인뱅크로서는 오니시야말로 가장 까다로운 상대였다. 어느 은행 관계자가 말했다. "말은 통하지만 요리조리 잘 빠져나갔습니다. 사업 매각 등 은행이 추진하고 싶은 구조개혁은 뜻대로 진행되지 않았습니다."

오니시를 둘러싼 이런 일화가 있다. 2013년에 한국의 삼성전자에 복사기 사업을 매각하려다가 샤프의 배신으로 흐지부지되었을 때도, 오니시는 터프한 네고시에이터로서 실력을 발휘했다. 삼성은 "자본을 제휴했을 때의 약속과 다르지 않습니까? 왜 팔지 않겠다는 겁니까?"라면서 격렬하게 항의했지만 오니시는 태연하게 대꾸하고는 자리를 박찼다. "무리인 것은 무리입니다. 할 수 없잖아요."

샤프와 친밀한 투자은행의 간부는 이렇게 말했다. "다카하시 체제가 된 후, 샤프 경영진 중에서 경영 전략을 의논할 수 있는 사람은 오니시 씨뿐이었습니다. 다른 사람들은 무슨 말을 해도 이해해주지 않았습니다." 사내에서도 오니시는 특별한 위치였다. 경영진의 서열로 따지면 사장인 다카하시, 부사장인 미즈시마 시게아키 다음이었지만 다카하시는 중요한 안건을 전부 오니시에게 맡겼다. 막후의 사장——그렇게 불리는 오니시가 실질적으로 회사를 움직이고 있었다.

애플과 협상

예를 들어 스마트폰용 액정 패널을 만드는 가메야마 제1공장의 계약 문제로 애플과의 협상에 나선 사람도 오니시였다. 원래는 텔레비전용 패널 공장이었지만, 2012년에 iPhone용 전용 거점으로 전환했다. 투자액은 약 1,000억 엔으로 그중 절반을 애플이 부담했다. 이때 샤프는 가메야마 제1공장에서 만든 패널은 애플에게만 팔기로 약속했다.

애플이 내놓은 조건은 엄격했다. 가령 애플의 사정으로 패널의 수주량을 줄여도 공장의 가동률이 저하되어 발생하는 적자 리스크는 샤프가 책임진다는 '불평등조약'이었다. 당시에는 그렇게 대단한 문제가 아니었지만, 2013년 일사분기에는 생산이 거의 제로가 되었다. 샤프는 스스로 컨트롤할 수 없는 적자 리스크와 동거하게 되었다.

원래 이 계약을 취소하기 위한 협의는 액정 부문이 담당하고 있었다. 액정 패널의 생산 설비 재매수안 등 복수의 플랜이 있었지만, 압도적인 구매력을 배경으로 내세운 애플의 협상력은 이만저만 강력한 것이 아니었다.

대화가 전혀 진전되지 않는 모습을 본 오니시가 말했다. "그런 문제라면 제게 맡겨주십시오. 1년 안에 해결하겠습니다." 물론 오니시가 협상에 나섰어도 시간이 걸렸지만 일부 조건이 완화되어 2015년부터 타사에도 판매할 수 있게 되었다.

오니시를 제외하라

오니시는 항상 두꺼운 수첩 2권을 가지고 다니면서 회의 중에 메모를 했다. 어디에 무엇을 적었는지 정확하게 파악하고 있는 것이 꼼꼼한 오니시다웠다. 어느 중견사원이 말했다. "사업 전략에 돈이 들 때는 오니시 씨의 허가를 얻어야만 했습니다. 어떤 질문이 날아올지 모르니까 무척 무서웠습니다." 대개의 경우 오니시는 "이해가 안 된다"면서 기각했다. 사업부에서는 '오니시의 벽'을 무슨 수로 뛰어넘을 것인지가 과제였다.

오니시는 다카하시의 맹우였지만, 그들의 결속이 튼튼했던 것은 아니었다. 사업부의 의욕이 회사의 업적으로 이어진다고 생각한 다카하시는, 오니시의 돌출된 태도가 사내 분위기를 위축시키지는 않을지 우려하고 있었다. 다만 다카하시는 숫자에 약해서 재무에 대한 이해력이 떨어졌다. 그렇기 때문에 오니시에게는 아무 말도 하지 못했다.

2015년 1월에 적자 전락이 분명해지자, 메인뱅크는 적자의 발각보다는 오히려 이른 단계에서 매스컴에 정보가 새어나가는 것을 문제시했다. 그때 매스컴 대응 책임자이자 숫자에 정통한 오니시에게 일방적으로 책임을 떠넘기고, 그 후의 경영재건계획을 마련하는 작업에서 제외시켰다. 오니시는 대표이사 부사장임에도 불구하고 2월 이후로 중요 회의에 참석할 수 없게 되었다.

그래서 오니시는 사내에서 '범인을 물색'하는 데 열중했다. 임원이나 각 사업의 간부에게 휴대전화의 통화 이력을 제출하도록 시키고, 기자와 통화한 사실이 없는지 조사했을 정도였다. 그러나 용의자는 한 명도 찾아내지 못했다. "은행은 늘 걸리적거렸던 오니시를 제거할 구실을 찾고 있었던 것 같다." 그런 의견이 있었지만 오니시가 경영의 최전선에서 벗어나자 은행의 주도로 재건책이 단시간에 마련되었다.

벌처펀드조차 거들떠보지 않고

다카하시를 비롯한 경영진은 두 주거래은행과 협의하는 동시에 자금을 대어줄 스폰서를 찾기 위해서 동분서주했다. 일본 증권회사 등을 통해서 투자 펀드로부터 자금을 조달하려고 시도했지만, "벌처펀드vulture fund(부실기업에 투자하여 수익을 올리는 회사나 그 자금-편집자 주)조차 상대해주지 않았다."(샤프 간부) 어느 증권관계자는 말했다. "샤프는 정크라고 불리는 투자 부적격기업과 동급이라는 평가를 받았습니다. 파탄이 났을 때의 리스크가 너무 커서 아무도 투자하려고 들지 않았습니다."

그래도 딱 한 군데, 예외가 있었다. 고도의 액정 패널 생산기술을 도

160

입하고 싶어 하는 타이완의 홍하이정밀공업이었다.

샤프는 홍하이와 2012년에 한 번, 샤프 본체에 출자하기로 합의했었다. 다만 그 후 샤프의 주가가 급락하자 홍하이의 최고경영자 궈타이밍이 조건의 대폭 수정을 요구하는 바람에 백지화되었다. 그때 샤프의 경영에 깊이 관여하려던 궈타이밍의 손아귀에서 놀아났던 과거가 샤프 경영진에게는 트라우마로 남아 있었다.

2월 15일, 궈타이밍이 가나가와 현神奈川県 가와사키 시川崎市의 일본전산 기초기술연구소를 방문했다. 안내한 사람은 회장 겸 사장인 나가모리 시게노부. 나가모리의 옆에는 샤프의 사장에서 일본전산의 부회장으로 이직한 가타야마가 있었다.

궈타이밍에게 가타야마는 2012년의 제휴 협상을 둘러싸고 협상을 전개했던 인연이 있는 상대였다. 굳은 표정을 풀지 않는 가타야마를 곁눈질하면서 궈타이밍은 이렇게 내뱉었다. "나가모리 씨, 내가 샤프를 매수한다면 가타야마 씨를 사장으로 삼을 겁니다."

경제지 『주간 동양경제週刊東洋経済』의 3월 인터뷰에서 궈타이밍은 이렇게 말했다.

"나는 여전히 본체에 출자하고 싶습니다. 다만 경영에 참가하는 것이 전제입니다. 돈만 낸다면 은행과 다를 바가 없습니다. 어린애에게 용돈을 주는 것이 아니라, 장차 스스로 먹고 살 수 있도록 물고기를 낚는 방법을 가르쳐주고 싶은 겁니다."

홍하이 관계자가 말했다. "테리는 2년 전부터 샤프를 짝사랑해왔습니다. 하지만 샤프도 메인뱅크도 상대해주지 않았지요."

애플의 스마트폰 위탁생산이 최대의 수익원인 홍하이로서는 샤프의 폭넓은 기술이 '보물섬'처럼 보였다. 특히 스마트폰용 중소형 액정 패널은 앞으로 성장 가능성이 무한했다.

중소형 액정을 '비장의 무기'로 삼고 있는 샤프 경영진은, 사카이 시에서 공동 운영하는 대형 액정 공장 이외의 문제로 테리와 협상할 마음이 없었다. "테리와 손을 잡으면 하나부터 열까지 뿌리째 빼앗길 것이다. 은행에 부탁할 수 있다면 위험을 무릅쓸 필요가 없다." 그것이 샤프 간부의 본심이었다.

"다카하시 씨만 빼고 다 그만둬라"

다카하시는 3월 5일, 자본 지원을 요청하기 위해서 두 주거래은행의 심사 담당 임원을 찾아갔다. 당초 다카하시가 요구했던 것은 1,500억 엔의 자본 지원이었다. 그 자리에서 재건책이 허술하다는 비판을 받자, 그 다음 주인 13일에 다카하시는 은행에서 파견된 스태프와 함께 만든 재건계획을 지참하고 또다시 은행을 방문했다.

재건계획에는 샤프의 경영이 회복되려면 2015년 3월기와 2016년 3월 기에 계 3,200억 엔의 손실을 처리하여 부담을 덜 필요가 있다고 되어 있었다. 게다가 채산이 맞지 않는 미국 텔레비전 사업에서 철수, 태양전지 사업의 축소, 국내외에서의 5,000명 규모의 인원삭감 등의 구조조정 계획이 적혀 있었다. 정보 누설을 경계하여 'MARE'라는 코드네임을 붙인, 일본에서 3,000명 규모의 희망퇴직자를 모집한다는 각오를 표명하고 은행의 납득을 얻으려고 했다. 자본 지원의 요청액은 2,000억 엔으로 부풀어 올랐다.

메인뱅크의 답변은 혹독했다. "경영재건책에는 누가 보아도 이해할 수

도표 6-3 재건책

2015년 5월에 발표한 재건계획의 골자

주거래은행인 미즈호은행, 미쓰비시도쿄UFJ은행과 투자펀드에서 자본 증강 (총액 2,250억 엔).

10월 1일자로 사내 컴퍼니 제도를 도입. 액정, 전자 디바이스, 소비자 가전 등 사업별로 권한과 책임을 명확화.

국내에서 3,500명 규모의 희망퇴직을 실시. 고정비삭감이 목표. 2015년 9월 에 약 3,200명이 퇴사.

급여 삭감 등 인건비의 삭감. 여름과 겨울의 보너스도 1개월분만.

부동산 등 자산 매각. 2015년 9월에 본사 빌딩 등의 매각처 결정.

중남미 텔레비전 사업의 구조개혁. 2015년 7월에 중국 가전회사에 멕시코 공장 등의 매각 결정.

주거래 금융기관 등과 협의할 때 포함되지 않았던 주요 구조조정안

연결매출의 3분의 1을 차지하는 액정 사업을 분사화하고 타사의 출자를 수용.

전자부품 등을 생산하는 히로시마의 미하라 공장이나 후쿠야마의 제1~3공 장의 폐쇄.

액정 텔레비전의 주력 생산 거점인 도치기 공장의 폐쇄

있는 '주안점'이 필요합니다. 태양전지에서 완전히 철수하겠다는 뜻을 똑똑히 표명해야 하지 않겠습니까? 그러다 샤프 본체가 채무초과되어도 어쩔 수 없습니다."

한편 은행 간부 중 한 명은 이런 지적도 했다. "다카하시 씨는 괜찮지만 다른 대표이사들에게는 경영책임을 명확히 추궁하지 않으면 곤란합니다."

금융기관의 간부는 당시의 분위기를 이렇게 회상했다. "두 주거래은행은 샤프가 배 째라 식으로 나올까 봐 걱정했습니다. 만에 하나라도 민사재생법 등 법적인 정리 방법을 선택하면 은행은 막심한 손해를 입습니다. 거액의 채무를 회수하지 못하고 책임 추궁을 당하게 됩니다. 그래서 다루기 쉬운 다카하시 씨를 남기는 것이 유리했습니다. 가마는 가벼울수록 좋으니까요." 다카하시로서도 자신의 목이 붙어 있을 수 있는 제안이었기에 거절할 이유가 없었다.

게다가 다음 주인 3월 19일도 다카하시는 '은행 예방'를 위해 도쿄로 향했다. 여기서 새롭게 제시한 것은 그저 종업원의 상여금 삭감 등 경비 삭감책을 강화한 내용이었다. 은행은 "아직 허술하다"고 반박했지만, 다카하시를 몰아세우는 태도를 보이는 일은 없었다.

지난번의 협상에서 지적받은 "태양전지에서 완전 철수"를 실현하려면 원료인 실리콘의 조달 계약이나 생산 설비의 감가상각 등으로 거액의 손실계상이 필요해질지도 몰랐다. 이런 충격요법이 무리라는 것은 은행도 이해하고 있었다.

본사 빌딩도 매각

은행은 지원하겠다는 확답을 주지 않고, "제대로 된 재건계획을 세우는 것이 계속 지원하는 조건이다"라고 다카하시에게 선언했다. 다카하시는 은행의 요구를 차례차례 받아들였다. 4월 16일의 회합에서 다카하시는 오사카 아베노 구의 본사 빌딩의 매각을 포함한 재건계획을 처음으로 제시했다. "본사를 판다면." 은행에서도 대부분 승인하여 간신히 2,000억

매각이 정해진 샤프 본사의 빌딩.

엔을 넘는 자본을 지원받을 수 있게 되었다.

　미즈호 파이낸셜 그룹 사장의 사토 야스히로佐藤康博는 협상을 하면서 "샤프하고 신뢰관계를 구축하고 있다"고 느꼈다. 50여 년 전부터 샤프와 거래했던 후지旧富士은행이 미즈호은행의 전신이지만, "샤프는 액정 사업의 성공으로 회사가 커지면서 주위의 의견에 귀를 기울이지 않게 되었다"(금융관계자)고 한다.

　"이번 재건계획은 지금까지 뒤처졌던 성장 전략, 차별화 전략을 분명하게 밝힌 것입니다. 그만둘 것은 그만둔다는, 취사선택을 했습니다. 고도의 기술력을 보유했으면서도 투자 여력이 제한되어 있었지만 이번에 무거운 짐을 내려놓았습니다. 앞으로는 전략 분야에 과감하게 투자할 수 있습니다." 사토는 샤프가 메인뱅크의 자본 지원을 발표한 5월 중순에 열린 기자회견에서 그렇게 말했다.

"은행의 꼭두각시다"

샤프와 두 주거래은행이 협상 과정에서 수익 구조를 개선하기 위한 구조조정을 한다는 정보가 매스컴을 떠들썩하게 만들었다. 3월 20일에 샤프가 3,000명 규모의 희망퇴직을 검토하고 있다는 것이 보도되었다. 다카하시는 같은 날 저녁 술렁이는 사내를 진정시키기 위해서 일본의 사업소를 연결한 긴급 사내 방송을 실시했다.

"우리는 은행의 지원 없이 경영할 수 있는 상태가 아닙니다.""매스컴의 보도에 현혹되지 말고 회사를 믿어주십시오.""사원 개개인이 의식을 가지고 임하면 회사는 원래대로 돌아갈 수 있습니다."

이 방송 때문에 많은 사원의 불만이 한꺼번에 분출했다. "결국은 은행의 꼭두각시가 될 것이다. 번지르르한 말로 넘어가려고 하지 마라."

살얼음판의 인사안을 비공식 승인

"사외 임원 여러분, 30분 정도 시간을 내주시기 바랍니다." 4월 23일 샤프 본사. 이 날의 정기이사회는 평소와 달랐다. 경영재건책에 관한 심도 있는 논의도 없이, 회의가 끝나자마자 다카하시는 세 명의 사외이사만 남기고 사람들을 물렸다. 다카하시와 사외이사들은 그 후 1시간 이상 대화를 나누었다.

다음 날인 24일 다카하시는 도쿄에 있었다. 주거래은행인 미즈호은행과 미쓰비시도쿄UFJ은행의 간부를 방문해서 '인사안'의 비공식 승인을 받기 위해서였다. 두 은행이 다카하시에게 내민 조건은 "다카하시를 제외한 대표이사의 책임을 명확히 하는 것"이었다.

다카하시의 계획은 이랬다. 부사장인 미즈시마는 대표권을 반납하지만 회장으로서 중추에 남고, 오니시는 부사장의 지위를 유지한다. 한편 실무를 도맡아온 두 명의 전무, 액정 등을 총괄하는 호시와 가전 담당인 나카야마 후지카즈는 퇴임한다.

은행도 별다른 이견을 달지 않아서 거의 다카하시가 구상한 인사안대로 결정되었다. 다카하시가 전날 사외이사를 소집한 것은 인사안에 반대하지 않도록 사전에 귀띔을 해두기 위해서였다. 2015년 3월기 결산발표 당일인 5월 14일 아침, 이사회는 매끄럽게 진행되었다. 만약 사외이사 중 한 명이라도 이의를 제기하면 시간만 질질 끌다가, 경영진들 사이에 내분이 발생할 가능성도 있었다. 그러면 다카하시도 다치게 될 것이다.

샤프 사내에서는 다카하시, 오니시와 미즈시마의 3인조를 '친밀한 3인조'라면서 싸늘하게 바라보았다. 경영 위기가 재연되었어도 세 사람의 결속은 튼튼했다. 나카야마와 호시는 실적 부진의 책임을 물어 퇴임시켰다. 한편 미즈시마는 전기회사의 업계단체인 전자정보기술산업협회JEITA의 회장으로 취임했다. 오니시는 이사직에서는 물러났지만 호시가 이끌었던 액정 사업 부문의 구조개혁 담당 부사장으로 취임했다.

가타야마의 뒤를 이어서 액정 사업을 이끌어온 호시의 퇴임은, 경영을 재건하려는 샤프에게 큰 손해가 될 것으로 보였다. 액정사업부에서는 호시의 잔류를 바라는 사람이 많았다.

원래 반도체 기술자였던 호시는 드물게도 상사에게 솔직하게 의견을 말하는 타입이었다. 마치다가 사장이었던 시절, 갓 임원이 된 호시는 마치다에게 직언하다가 역린을 건드려 자회사로 좌천된 적이 있다. 호시를 본사로 도로 불러들인 사람은 가타야마였다. 호시는 2011년에 전자부품 등의 총괄로 부활하여 2013년에는 전무가 되었다.

오니시는 2014년 11월부터 중국에서 액정 패널의 판매가 부진했다는 이유로 호시를 비롯한 액정 부문의 간부들에게 책임을 추궁했다. 디바이스 비즈니스 전략실장을 맡은 우메모토 쓰네아키梅本常明도 그중 한 명이었다. 1990년대부터 액정 사업에 몸담고 있었던 우메모토는 국내외에 풍부한 인맥을 가지고 있었다. 2015년 3월 초, 호시와 둘이서 식사를 하던 다카하시는 갑자기 "우메모토는 잠시 쉬는 편이 좋겠다"는 말을 했다. "액정 부문 외 다른 부서로 이동"하라는 지령을 받은 우메모토는 같은 해 3월 말에 사표를 제출했다.

텔레비전 본부장도 사표

2014년 12월 말. 텔레비전의 주력 생산 거점인 도치기 공장(도치기 현栃木県 야이타 시矢板市)에서 소동이 일어났다. 텔레비전을 담당하는 집행 임원인 모리 마사유키毛利雅之가, 시찰차 방문한 미즈시마 부사장에게 다가갔다. "제발 사카이 공장이 아닌 다른 곳에서도 액정 패널을 구입할 수 있게 해주십시오." 미즈시마는 "그건 안 돼. 우리 회사의 사업 모델은 수직통합이니까"라면서 고개를 내저었다. 모리는 포기하지 않았다. 1시간 이상 설득을 시도했지만 미즈시마는 더 이상 상대해주지 않았다.

가격 경쟁이 치열한 텔레비전 사업은 채산성이 나빴으며, 모리는 자신이 책임을 지게 되리란 것을 알고 있었다. 그래서 자사 그룹에서 제작하는 패널이 텔레비전 사업의 이익 구조를 어지럽히고 있다는 사실을 솔직하게 호소했다. 홍하이와 공동 운영하는 사카이 공장의 계약에 따르면, 생산된 액정 패널을 각자 절반씩 구입한 다음 고객 기업에 판매하기로 되어 있었다. 샤프에 남은 패널의 대부분은 도치기로 운반되어 '아쿠오스'에 사용되었다.

샤프의 대형 패널이 기술력으로 타사를 압도했을 때는 이것이 텔레비전 경쟁력의 원천이 되었다. 다만 현재는 중국이나 타이완에서 저렴하게 생산되는 텔레비전용 패널도 성능 면에서 손색이 없었다. 그러나 사카이의 패널은 대외적인 가격에 비교해서 비싼 축에 속했다. "왜 일부러 비싼 패널을 사용해야 합니까? 텔레비전 사업을 흑자화하려면 패널을 외부에서 구입할 수밖에 없지 않습니까?" 텔레비전 사업의 책임자인 모리의 의견은 도치기 공장의 의견이기도 했다.

미즈시마가 돌아가고 며칠 후, 다카하시도 도치기 공장을 방문했다. 다카하시도 미즈시마와 마찬가지로 들은 척도 하지 않았다. 2월 3일에 배포된 '인사이동 지령'이라는 제목의 자료에는 2월 28일부로 모리가 집행임원에서 퇴임한다는 사실만 짧게 적혀 있었다. 절망한 모리는 사표를 집어던지고 회사를 떠나 전부터 자신의 능력을 높이 평가해준 가타야마가 있는 일본전산으로 이직했다.

모리의 인사 지령이 발표되자마자 그룹 회사 간부들의 휴대전화가 울렸다. 전화기 너머로 노성을 지르는 사람은 마치다였다. "왜 모리가 그만둬야 하나? 도마뱀의 꼬리를 자른다고 해결되는 일인가? 책임은 다카하시가 지게 해라." 모리는 마치다 시절에 경영기획실장 등 요직을 거친 젊은 에이스이자 장래를 촉망받는 경영자 후보 중 한 명이었다.

어느 간부가 이렇게 지적했다. "다카하시 씨는 사장으로 취임한 후 1년차 때 윗선을 자르고 3년차에는 아랫선을 잘랐습니다. 결국 남은 것은 자기들뿐이었죠." 2013년에 사장으로 취임한 다카하시가 제일 먼저 손댄 일은 전직 사장이었던 쓰지 하루오, 마치다, 가타야마를 경영 일선에서 제거하는 것이었다. 그리고 다시 경영 위기에 빠지자 호시나 모리를 비롯한 사업부문의 간부들에게 할복을 강요했다.

창업자 하야카와 도쿠지가 만든 '경영신조'에는 이렇게 적혀 있다. "화합은 힘이니 서로를 믿고 결속하라." 어느 사원은 내뱉었다. "회사가 어려운데 내부싸움을 하고 있을 때인가."

"노조도 힘들다"

5월 1일, 오사카의 날씨는 화창했다. 오사카성공원에 있는 '태양의 광장'에서 연합오사카가 주최한 노동자들의 축제 '오사카지방 메이데이'에 약 4만 명이 집결했다. 인사말을 하러 나온 연합오사카회장 야마자키 겐이치山崎弦一(파나소닉 노조 출신)은 이렇게 목소리를 높였다. "여러분, 수고하셨습니다. 2년 연속으로 전년을 상회하는 답변을 받아냈습니다."

"만~세!" "잘했다!" 여기저기서 조합원들의 환성이 울려 퍼졌다. 그러나 회장 구석에는 그런 뜨거운 분위기에서 제외된 집단이 있었다. 약 20명의 샤프 노조원이었다. 파나소닉에 흡수된 산요전기의 회사명이 적힌 깃발 주변에도 100명 정도가 모여 있었다. "샤프의 노조도 힘들겠어." 주위에서 동정의 목소리가 쏟아졌다.

2015년의 봄, 샤프 노조는 임금인상을 운운할 여유가 없었다. 백색가전의 주력 거점인 야오 공장에 근무하는 30대 남성 사원은 동료로부터 퇴직 소식을 알리는 메일을 받았다. "노력해왔지만 유감이다." 2012년의 희망퇴직 때는 대상자가 아니었던 40대 이하의 젊은 유망주들이 회사를 단념하고 있었다. 동료가 회사를 떠나는 모습은 이미 일상적인 풍경이었다.

샤프는 5월 14일, 2018년 3월기에 종료되는 3개년 중기경영계획을 정식으로 발표했다. 2015년 3월기의 적자 전락 때문에 지금까지의 중기경영계획을 중지했다. 새로 책정한 신 중기경영계획은 일본 국내에서 3,000명 규모의 희망퇴직을 모집하고, 사원들의 급여를 삭감한다는 것이 주요 내용이었다.

다카하시가 기자회견에서 경영 재건을 향한 '발본적인 대책'이라고 단언한 샤프의 재건 계획은 현장의 사원들에게 고통을 강요하는 내용뿐이었다.

연합이 주최한 메이데이에 샤프의 깃발도(2015년 5월).

같은 날 오사카 시내에 있는 본사 대회의실에는, 다카하시의 기자회견을 생방송으로 보기 위해서 300명을 넘는 사원이 모여 있었다. "나의 솔직한 심정을 듣고 사원 여러분이 '회사를 재생시키겠다'는 각오를 다져주길 바란다." 일부러 사원들에게 기자회견을 공개한 다카하시는 이런 기대를 품었다. 그러나 역효과만 났을 뿐이었다.

샤프의 재건책 중에서 새로운 것은 사내 컴퍼니 정도였다. 5월의 재건책 발표 전, 사내 컴퍼니의 사장 후보들을 모아두고 다카하시는 이렇게 열변을 토했다. "여러분은 이제부터 사장이 됩니다. 사장은 책임이 막중하므로 적자가 나면 당연히 그만두어야 합니다." 어느 간부는 씁쓸한 미소를 지었다. "이번 적자를 책임질 마음이 없는 다카하시 씨에게 그런 말을 듣고 싶지 않습니다."

중소기업이 되나?

재건 계획의 책정 단계에서 사내외를 아연하게 만든 것 중 하나가, 금융기관이 조언한 자본금 1억 엔이라는 99퍼센트를 넘는 대감자大減資였다. 자본금이 1억 엔 이하가 되면 세제상 '중소기업'으로 간주되어 우대혜택을 받을 수 있게 되지만, 어느 은퇴자는 "너무 천박하다"면서 얼굴을 찡그렸다.

대기업의 이례적인 대폭 감자에 경제산업성이 "위화감이 있다"고 지적하는 바람에 큰 소동이 난 것이었다. 최종적으로는 5억 엔으로 감자하며 마무리되었지만, '샤프가 중소기업화를 단념'했다고 여기저기서 조롱 받았다.

창업자인 하야카와가 1923년에 도쿄에서 오사카로 거점을 옮기고 '하야카와금속공업연구소'를 설립한 이래, 줄곧 같은 자리를 지켜온 아베노 구의 본사를 매각한다는 것도 재건책에 명기되어 있었다. 일등지라고는 할 수 없는 본사의 매각과 대폭 감자는 경영개선에 크게 효과가 있는 시책이 아니었다. 수단과 방법을 가리지 않고 뭐든지 하고 있다고 외부에 어필하기 위해서였다. 다만 애착이 있는 본사를 잃는 것은 회사의 '혼'을 뽑아버리는 것이나 마찬가지라서 샤프 사원들의 사기를 더욱 저하시켰다.

재건 계획을 발표하는 기자회견장에서 기자들이 경영 위기를 초래한 책임을 추궁하자 다카하시는 이렇게 대답했다. "제가 만든 새로운 계획을 끝까지 완수하는 것이 제 책임이라고 생각합니다." 처음에는 뜨거웠던 본사 대회의실의 분위기가 급속하게 냉각되었다. 도중에 자리를 뜨는 사원도 있었다. 회견 후 회사를 떠나는 사원들은 어깨를 떨구었다. 사원들은 이구동성으로 투덜거렸다.

"은행의 꼭두각시가 되어서 사원들을 대량 해고하고 자신은 남았다. 이런 사람 밑에서 더는 일하기 싫다."

"바보 취급을 당한 기분이다"

새로 책정된 재건 계획을 받아들인 메인뱅크는, 샤프에게 대출해준 유이자부채 중 2,000억 엔분을 사실상 손절매하는 대신 2,000억 엔의 우선주를 취득했다. 이것은 채무를 주식으로 교체하는 '출자전환DES'이라고 불리는 수법으로, 은행의 경영 관여를 더욱 강화하게 만들었다. 샤프는 연결에서의 채무 초과를 면하고 한숨을 돌렸다. 다만 이것은 대형 태풍의 시작에 불과했다.

재건책을 발표하고 4일 후인 5월 18일, 모든 사업소에 다카하시의 비

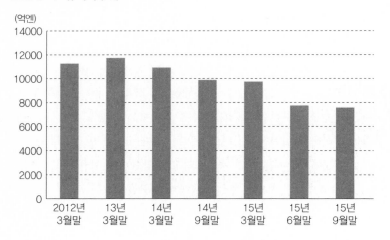

도표 6-4 유이자부채

(억엔)

| | 2012년 3월말 | 13년 3월말 | 14년 3월말 | 14년 9월말 | 15년 3월말 | 15년 6월말 | 15년 9월말 |

디오 메시지가 방송되었다. "순발력, 대응력이 충분하지 않았던 것이 중기계획이 실패한 이유지만, 샤프다운 제품을 개발하지 못하고 있다." "독창적인 아이디어를 발휘할 수 있는 것이 샤프의 장점이다." "새로운 인사제도를 도입하여 (성과를 내지 못하면) 강등도 가능한 엄격한 조직으로 만들어나간다."

다카하시는 최고경영자인 주제에 "나는 비전을 정하지 않는다"고 계속해서 말했다. "내가 말하면 주위가 위축된다"는 것이 이유였다. 다만 다카하시가 풍토개혁이란 이름의 정신주의에만 심취해서 방향성을 정하지 않았기 때문에, 구조개혁이 정체되어 위기가 재연된 것은 의심할 여지가 없는 사실이었다. 비디오 메시지에는 여전히 비전도 구체적인 개혁책도 없었다. 어느 중견사원이 고개를 떨구고 말했다. "바보 취급을 당한 기분이 들었다."

좌절한 재건 계획

빼앗긴 실권

"다카하시 (고조) 씨는 거래하던 금융기관에서 사장 자리에 어울리는 그릇이 아니라는 말을 들은 모양입니다. 당장 실적은 예상 이상으로 악화되었고 리더십도 기대하기 힘듭니다. 다카하시 씨는 새파랗게 질려서 '제발 회사를 살려달라'고 애원하는 것 말고는 다른 방법이 없었습니다…….."

2015년 10월에 샤프와 미즈호은행, 미쓰비시도쿄UFJ은행이라는 두 주거래은행 간에 열린 간부회의. 관계자에 따르면 샤프의 사장 다카하시는 이런 식으로 '최후통첩'을 받았다고 한다.

그것도 무리는 아니다. 2015년 5월에 책정한 재건 계획이 조기에 좌절되었기 때문이다. 2015년 이사분기와 삼사분기의 연결결산은 최종 적자가 836억 엔이었다. 다카하시가 '필수 달성 목표'로 삼았던 2016년 3월 통기에 800억 엔의 연결영업이익 달성은 불가능했다.

실적 악화는 두 주거래은행이 결과를 내지 못하는 다카하시를 무시하고 은행 주도로 새로운 재건 계획을 세울 수 있다는 뜻이기도 했다. 금융관계자는 이렇게 증언했다.

"사실은 샤프의 경영 위기가 재연된 2015년 1월부터 재건책을 마련했어야 합니다. 그러나 구조조정을 거듭하면 특별손실이 늘어나서 두 주거래은행에 자본의 추가 지원을 요청할 수밖에 없게 됩니다. 그런 딜레마 때문에 5월에 발표한 재건 계획은 흐지부지하게 끝났습니다. 다만 다카하시 씨가 제대로 해내지 못하면 즉각 훨씬 더 본격적인 재건안을 짜야 마땅했습니다."

은행의 최우선 과제는 부침이 심한 액정 사업을 샤프 본체에서 떼어내는 것이었다. 타사와 어떻게 협상하느냐에 따라 거액의 자금을 회수할 가능성도 있고 여러모로 편리했기 때문이었다.

액정만 원흉인가

"이번 실적 부진은 (액정을 주축으로 삼은) 디스플레이 디바이스 컴퍼니가 주원인입니다. (액정의 매출 등이) 대단히 크다고 해서 낙관하는 것은 결코 아닙니다. 다만 액정을 제외한 주요 부문은 거의 상정했던 대로 진척되었습니다." 샤프의 다카하시 사장은 2015년 10월 30일, 4~9월기의 결산 발표에서 이렇게 강조했다. 마치 두 주거래은행의 생각을 대변하고 있는 것 같았다.

도표 7-1 액정의 부진이 실적을 크게 떨어트렸다

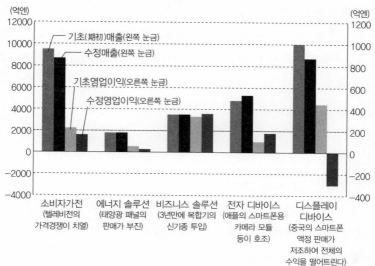

*( ) 안은 예상 재검토의 이유
 기초예상은 2015년 5월 시점. 수정예상은 2015년 10월 시점

액정은 연결매출의 3분의 1을 차지하는 최대의 간판 사업이다. 5월에 재건 계획을 발표할 때는 "샤프의 중심은 액정입니다. 액정이 없으면 재건은 불가능합니다"라고 다카하시는 거듭 강조했다. 다만 두 주거래은행에서 액정 사업을 분사화하자는 제안이 재부상하자, 7월에는 "(과거에 결정한 일을) 고집하는 것도 문제가 있다"고 주장했다. 두 주거래은행에게 액정 사업의 부진에 대한 책임을 추궁당하고, '경영자 실격'이란 낙인이 찍혀서 10월에는 액정사업을 원흉 취급하였다. 자꾸만 바뀌는 다카하시의 발언이 사내의 사기를 떨어트렸다. 액정 부문의 간부 여럿은 이렇게 한탄했다.

"액정이 필요 없다는 발언에는 실망이 큽니다. 회사 발전에 공헌한, 샤프의 상징이라고도 할 수 있는 사업인데 말입니다. 다카하시 씨는 액정을 알지 못하고 애정이 없는 것 같습니다. 현장의 의욕은 바닥까지 떨어졌습니다."

10월 30일의 기자회견에서는 "사장에게 구심력이 있다고 생각하느냐"는 단도직입적인 질문도 날아왔다. 다카하시는 마치 남의 말이라도 하는 것처럼 "사업소를 방문해도 사원들이 나에게 구심력이 있다고 직접적으로 말한 적은 없습니다. 사원들의 구심력을 유지하고 높이지 않으면 안 됩니다"라고 답변했다.

역효과만 난 사장 훈시

2015년도 하반기가 시작되는 10월 1일에 다카하시가 사원들에게 보낸 훈시도 악평을 받았다.

"샤프의 '브랜드', '기술', '사람', 이렇게 세 가지를 남기고 싶습니다.

샤프 브랜드는 창업 104년이라는 역사 속에서 쌓아올린 것입니다. 기술은 엔지니어링의 기술만이 아닙니다. 영업, 서비스, 생산 등 회사를 운영하는 데 필요한 모든 기술을 갈고 닦아야 합니다. 그것을 실현하는 것은 '사람'이자 조직. 이 세 가지에 힘을 쏟고 싶습니다."

이 발언에 사원들이 화를 내는 것은 당연했다. 전날인 9월 30일에는 희망퇴직으로 3,000명이 넘는 사원들이 회사를 떠났다. 사내에서는 작별인사를 하러 다니는 퇴직자가 끊이질 않았다. 매일같이 퇴사를 고하는 메일이 교환되어 사내의 분위기는 침통했다.

"(경영이 위기였던 지난) 3년 전 희망퇴직자를 모집했을 때는 아직 노력할 여지가 있다고 생각했지만 이번에는 내가 먼저 포기했다." "회사의 분위기가 변해버렸다. 수입은 절반으로 줄겠지만 새 일자리를 찾고 싶다." 다카하시의 발언은 원통한 마음으로 퇴사하는 사원들의 비위를 건드렸다.

이 사장 훈시에는 사원들을 아연하게 만드는 내용이 포함되어 있었다. 2013년 6월의 사장 취임 이래 내세웠던 자신의 캐치 프레이즈 '괴상한 문화의 부정'을 뒤집는 내용이었다. 다카하시는 이렇게 말했다.

"사장으로 취임한 후 '괴상한 문화'인 과거를 불식하는 데 주력했던 것을 깊이 반성합니다. 새로운 샤프를 만드는 것이 우리의 사명입니다. 10월 1일부터 시작하는 컴퍼니 제도를 비롯한 새로운 조직과 제도는 신생 샤프를 탄생시키기 위해서 도입하는 것입니다."

괴상한 문화란 다카하시가 사장 취임 회견에서 선보였던 '조어'인데, 사내의 유행어가 될 정도로 많은 사원들이 사용했다. 유력 은퇴자인 전직 사장들의 개입으로 경영이나 인사가 왜곡되는 풍토를 통렬하게 비판한 단어였다. 사원들은 "경영이 엉망이라 회사의 미래가 염려스러운 상황인데, 기껏 치켜들었던 깃발을 이제 와서 내려봤자 무슨 의미가 있나.

다카하시 씨는 항상 핀트가 맞지 않는다"고 생각했다.

이나모리즘의 흉내

"엘리베이터는 한 군데에 하나만 사용한다.""사무실 전등도 중간 중간 빼놓아라.""책상이나 의자는 되도록 구입하지 말아라." 10월 중순에는 사원들의 사기를 한층 떨어트리는 사내 통지가 내려왔다. 코스트 삭감을 위한 '자린고비 작전'이었다.

사장인 다카하시가 10월 30일에 사원들에게 보낸 메시지는 "수익보다 현금을 우선한다는 마음가짐으로 전 사원이 노력해주길 바란다"였다. 샤프는 10월 하순에, 2016년 3월통기의 연결영업흑자 전망을 당초의 800억 엔에서 100억 엔으로 하향조정했다. 100억 엔의 영업이익이라는 목표를 달성하는 것보다, 당장의 자금 조달이 어려워질 것을 염려한 다카하시는 직원들에게 호소했다. 다카하시 밑에서 일한 적이 있는 사원도 기가 막힌다는 듯이 말했다.

"다카하시 씨가 교세라의 명예회장 이나모리 씨를 신봉한다는 이야기는 유명합니다. 일본항공을 재건할 때 약간의 낭비도 없도록 하라고 누누이 강조했었지요. 다만 이나모리즘의 근저에는 종업원의 행복이 있습니다. 다카하시 씨는 겉으로만 이나모리 씨의 흉내를 내서 돈을 아끼려던 것이었습니다. 희망퇴직으로 3,000명 이상을 길거리로 몰아낸 주제에 이나모리 씨의 이름을 언급하다니 너무 뻔뻔하지 않습니까."

자사제품을 사라

11월 16일, 사원들만 열람할 수 있는 인터넷 사이트에 "사원 대상 샤프 제품 특별 할인판매 실시"라는 제목의 문서가 올라왔다. 전 종업원 앞으로 메시지를 보낸 사람은 대표이사 전무 집행임원으로, 가전이나 텔레비전 등을 총괄하는 사내 컴퍼니의 사장 하세가와 요시스케長谷川祥典였다.

2015년 6월에 경영 위기가 재연되자, 다카하시를 제외한 4명의 경영진이 대표이사직을 사임했을 때 승격했다. 유력 은퇴자에 따르면 "샤프 사내에 남은 소수의 에이스 중 하나"였다. 현재는 당연하게 생각되는 카메라가 내장된 휴대전화를 2000년에 발매하여 히트시킨 실적이 있었다. 하지만 사내에서는 "가난하면 어리석어진다"고 평판이 나쁜, 자사 제품을 구입해달라는 호소에 실망의 소리가 여기저기서 터져 나왔다. 하세가와는 사원들에게 이렇게 호소했다.

"회사 전체적인 시도로 사원이 하나가 되어 당사 제품의 판로 확대를 추진하게 되었습니다. 이 난국을 극복할 수 있도록 적극적인 동참을 부탁드리겠습니다. 부디 취지를 이해하고 협력해주시면 감사하겠습니다."

문서에는 세금이 포함되지 않은 목표금액도 명기되었다. 컴퍼니의 부사장에 해당하는 EVP, 집행임원, 이사 이상은 1인당 20만 엔. 부장 등 관리직은 10만 엔, 일반사원은 5만 엔. 2015년 11월 20일~2016년 1월 29일까지의 기한 한정으로, 게다가 '중점추진기간'을 설정하여 11월 20일~12월 25일로 명시했다. 구입액의 2퍼센트는 돌려준다는 '특전'도 붙었다.

세일을 개시하기 하루 전인 11월 19일. 액정 텔레비전의 주력 생산거점인 도치기 공장(도치기 현 야시카 시八坂市)에서 기자단에게 둘러싸여 취재를 받던 집행임원 고타니 겐이치小谷健—는 "설정금액이 사실상의 할당금액인가?"라는 질문에 억지스런 변명을 늘어놓았다.

"결코 할당금액이 아닙니다. 사원들이 이 정도는 살 수 있을 겁니다. 직위에 따라 금액을 설정했지만……. 역시 이 정도는 구입해주면 좋겠다는 생각으로 설정했을 뿐입니다. (평사원이 5만 엔을 구입하는 것은) 상당히 부담스러운 금액입니다. 이미 소유하고 있는 아쿠오스 텔레비전을 재구입하라는 말이 아닙니다. 건강환경상품에도 좋은 상품이 있으니까 다양한 자사 제품을 많이 구입해주셨으면 합니다."

당연히 사원들의 반응은 냉랭했다. "겨울 상여금도 1개월분으로 줄었는데 5만 엔어치나 구입하는 것은 불가능하다." 사원들이 납득할 만한 경영재건책을 내놓지 못한 상태에서, 임금삭감이나 자사 제품의 구입을 강요하는 경영진의 구심력이 떨어지는 것은 당연했다.

파나소닉에 흡수되어 사실상 소멸한 산요전기 역시 경영 위기에 처했을 때 똑같은 짓을 한 적이 있었다. 산요전기는 니가타 현 주에쓰中越지진으로 반도체 공장이 피해를 입자 2005년 3월기에 거액의 적자를 냈다. 산요의 경영진은 'BUY SANYO 운동'으로 할당금액을 설정하고 자사 제품을 구입하도록 강요했다. 이것이 장기간 군림해온 창업가 이우에井植 일족에 대한 사원들의 불만이 분출하는 계기가 되었다.

"산요전기처럼 되고 싶지는 않다"가 샤프 사장인 다카하시의 입버릇 중 하나였다. 하지만 산요전기의 전직 사원은 냉정하게 분석했다. "최근의 샤프를 보고 있으면 망해버린 산요와 똑같아지고 있다."

거래처의 우려

샤프의 실적이 회복되지 못하고 자금 조달이 원활하지 못하다는 뉴스가 보도되는 가운데 가장 기민하게 반응한 곳이 거래처였다. "샤프의 주문을 받아서 사내에서 수속을 밟으려고 했는데 거래상한액이 설정되어 있는 바람에 승인이 나질 않았습니다."

샤프의 공장에 기계나 자재를 납품하는 거래처들 사이에서는, 샤프의 경영 상태를 우려하여 거래금액에 일정한 제한을 두는 바람에 품의서의 승인을 받지 못하는 기업이 늘어났다고 한다.

샤프 사내에서는 눈앞의 현금을 확보하기 위해서 "팔 수 있는 것은 뭐든지 팔라"는 불호령이 떨어졌다. 2015년 9월 28일에는 본사 빌딩을 니토리 홀딩스 산하의 니토리에, 도로 맞은편의 다나베빌딩은 NTT그룹의 부동산 회사에 매각한다고 발표했다. 11월 하순에는 사카이 공장의 노는 땅을 야마토大和하우스공업에 매각하기 위한 협상에 들어갔다는 사실이 밝혀졌다. 사카이의 노는 땅은 60만 제곱미터 정도. 이 중 절반을 100억 엔에 매각할 계획이라고 했다. 사원들 사이에서는 이런 한탄이 새어나왔다.

"이제 팔릴 만한 가치가 있는 것은 사내에는 거의 남아있지 않습니다. 회사가 갈 때까지 갔다는 느낌입니다. 게다가 부동산을 매각해도 금융기관에 변제하고 나면 한 푼도 안 남을 겁니다. 정말로 자금 문제가 개선될지 의심스럽습니다."

"액정사업을 포기하고"

다카하시는 중간결산에서 적자를 계상하는 상황인데도 일찍 귀가하는 경우가 많았다고 한다. 오후 5시에 회사를 나와 6시 전에 귀가하는 일도 있었다. "활발한 대화를 나누기 힘들고 회식 약속도 그다지 들어오지 않았다"고 한다.

원래는 액정 사업의 분사화 협상 등으로 바빠야 마땅했지만 두 주거래 은행이 중심이 되는 바람에 나설 기회가 거의 없는 상태였다. 출자자는 경제산업성이 관리하는 관민펀드인 산업혁신기구와 그 산하인 재팬 디스플레이JDI가 유력 후보였다. JDI는 히타치, 도시바와 소니의 액정사업을 통합하여 2012년에 설립한 곳이었다.

산업혁신기구는 2015년 10월 하순, 샤프에게 본체 출자를 극비리에 제안했다. 반도체회사인 르네사스 테크놀로지를 설립할 때도 그랬지만, 산업혁신기구는 주식의 과반수를 차지하고 경영자도 파견하여 재건을 노렸다.

원래는 샤프의 액정 사업을 분사화하여 출자하고, 산억혁신기구가 필두주주인 액정 패널 기업 JDI와 통합하는 것도 검토하고 있었다.

"정부가 선두에 나서지 않으면"

"JDI는 중동무이합니다. 산업 재편은 아직 완성되지 않았습니다. 역시 정부가 선두에 나서지 않으면 안 됩니다." 경제산업성 간부는 2015년 1월 16일에 지식인들을 모아두고 이렇게 말했다. 도쿄 가스미가세키에 있는 경제산업성의 17층에서 극비회의가 열렸다. 샤프의 경영 위기 재연이 표면화되기 3일 전이라는 절묘한 타이밍이었다.

회의에 참가한 미쓰비시도쿄UFJ은행의 간부는 "(샤프는) 경영 위기에 빠지면 다 함께 노력하지만, 조금만 실적이 향상되어도 긴장이 풀려서는 이쪽의 말을 듣지 않고 고집을 피운다"면서 "샤프는 지금이야말로 뭔가 해야 한다. 가능할 것이다"라고 강조했다.

샤프의 재건 계획에서는 액정 사업의 포기가 검토되고 있었다. 액정은 최대의 간판 사업이지만 한국이나 타이완 등 경합회사와 가격경쟁이 치열하고 거액의 설비 투자도 필요했다. 재무 체질이 빈약한 샤프가 사업을 지속하기는 어렵다는 것이 두 주거래은행의 견해였다. 액정 사업을 분사해서 주식의 대부분을 양도하면, 부채 삭감이나 다른 사업의 성장 투자로 전환할 수 있다. 산업혁신기구를 제외한 다른 출자자는 찾아볼 수 없었다. 산업혁신기구의 주도로 재편하면 일본의 전기산업의 경쟁력 향상에 기여할 가능성이 있었다. 업계관계자는 이렇게 지적했다.

"액정을 산업으로 보아야만 합니다. 액정 사업에 종사하는 샤프의 종업원은 5,000명에 불과하지만, 일본 전체의 고용을 보면 거대한 숫자입니다. 필름제조사를 포함하면 100만 명가량이 관련되어 있습니다. 샤프를 살리겠다는 생각만으로 재편을 고려해서는 안 됩니다."

"3,000억 엔에 매수하고 싶다"

실은 2014년 가을에 샤프의 액정 사업을 매수하려는 움직임이 있었다. JDI와 산업혁신기구의 임원인 간부가 샤프의 수뇌에게 면담을 요청했다. "샤프의 액정 사업을 3,000억 엔에 사들여 JDI와 통합하겠다"는 제안을 하기 위해서였지만, 샤프의 간부는 라이벌 기업과 만나는 것이 내키지 않아서 거절했다고 한다. 거의 비슷한 시기에 외국계 증권회사도 샤프의 액정 사업을 3,000억 엔에 매수하려고 움직이고 있었다.

2015년 4월에는 샤프의 경영진도 액정 사업의 분사화에 동의하고, 산업혁신기구의 출자를 받아들이는 방향으로 협상하기로 방침을 굳혔다. 당시 부사장 집행임원으로 재무 총괄이었던 오니시 데쓰오가 협상을 담당했다. 그러나 산업혁신기구의 사장이었던 노미 고이치能見公一가 두 주거래은행과는 달리 소극적이었기 때문에 결국은 보류되었다. 미쓰비시도쿄UFJ은행은 5월에 발표한 재건 계획에 액정 사업을 포기한다는 내용을 담고 싶어 했지만, 미즈호은행은 조금 더 두고 보자는 입장이었다고 한다.

두 주거래은행의 반발

경제산업성은 6월에 닛산日産 자동차 부회장인 시가 도시유키志賀俊之를 산업혁신기구의 회장 겸 최고경영책임자CEO로 앉히고, 샤프와 재협상할 타이밍을 가늠했다. 그것이 2015년 10월로, 언제부터인가 액정 사업이 아니라 샤프 본체에 출자하는 것으로 구상을 변경했다. 본체에 출자하면, 복사기나 백색가전 등 많은 분야에서 타사와의 제휴를 꾀할 수 있었다. 산업혁신기구는 "산업 재편을 주도하여 일본의 산업경쟁력을 높인다"를 모토로 삼았다. 샤프 본체에 출자함으로써 현재의 경영진을 교체시키고, 자신들이 재편을 주도하겠다는 의미도 있었다.

이 구상에는 두 주거래은행이 반발했다. "샤프 본체에 출자하는 것으로 얼렁뚱땅 넘기면 곤란합니다. 샤프로서는 액정 사업을 어떻게 할지가 최대의 경영과제입니다. 본체 출자만 받고 은행에 채권포기를 요구하는 후안무치한 태도는 용서할 수 없습니다"라고 금융관계자는 증언했다.

물론 샤프 본체에 출자하면 여론의 비판을 받게 될 것이다. 그것이 산업혁신기구가 우려했던 점이었다. 경영 판단의 미스로 위기에 빠진 기업을 세금으로 도와주는 것도 국민들의 이해를 얻기 힘들었다. 그래서 명분을 세우기 쉬운 액정 사업에 출자하는 것도 검토했다.

홍하이의 속셈

다만 산업혁신기구가 시키는 대로 샤프나 두 주거래은행이 움직일 것이라는 확증이 없었다. 액정 사업을 비싸게 팔아치운다면, 가장 유력한 후보는 타이완의 홍하이정밀공업이 되기 때문이다.

10월 하순. 타이완의 홍하이정밀공업 회장인 궈타이밍은 도쿄에서 미즈호은행의 간부와 만나고 있었다. "도대체 샤프의 누구와 대화를 해야 합니까?" 궈타이밍은 짜증을 감추지 못했다. 궈타이밍이 정말로 만나고 싶었던 사람은 결산발표를 위해서 상경한 샤프의 다카하시였다. 그러나 궈타이밍이 어떤 요구를 해올지 우려한 다카하시는 면담을 거절했다. 양측은 12월 하순에 간신히 만났지만 궈타이밍은 원하던 대답을 들을 수 없었다.

샤프의 부사장인 오니시는 2015년 여름, 홍하이와의 사전절충을 통해서 "수천 억 엔에 매각할 수 있다"는 느낌을 얻었다. 이것 때문에 경제산업성이나 산업혁신기구에게 강경하게 나갔는데, 그 태도가 빈축을 샀다.

홍하이는 스마트폰제조사 등 액정 패널의 고객을 전 세계적으로 수없이 보유하고 있었고, 샤프의 액정사업의 공장이나 종업원도 유지하기 쉬웠다. 한편 JDI와 통합하게 되면 샤프의 액정 부문은 공장 폐쇄 등 대대적인 구조조정을 피할 수 없게 된다.

게다가 샤프와 홍하이는 액정 텔레비전용 패널을 생산하는 사카이 공장을 공동 운영하고 있었다. 궈타이밍은 샤프의 최대 고객인 미국 애플도 차지하려고 움직였다. 스마트폰용 패널은 3개 회사에서 구매하는 것이 애플의 원칙이었다. 한국의 LG 디스플레이, 일본의 JDI와 샤프의 3사다. 샤프가 JDI와 통합하면 조달 물량이 안정되는 동시에 조달 코스트 삭감에도 영향을 미칠 수 있었다.

물론 샤프의 경영진에는 지금까지의 제휴 협상으로 몇 번이나 휘둘린 홍하이의 궈타이밍에 대한 알레르기 반응이 강하다. 사업 매각 협상이 본격적으로 추진될지 여부는 불투명했다.

에이스가 사라진 대가

샤프의 액정 사업은 예전에 비해 수익력이 급속히 저하되고 있었다. 2015년 10월에는 2016년 3월기의 사업손익을 대폭적으로 하향조정했다. 처음에는 450억 엔의 흑자가 날 것이라고 보았지만 300억 엔의 적자가 예상되었다. 다 합해서 750억 엔이나 인하했다.

중국 경기의 영향을 받아 스마트폰용 액정 패널의 판매가 부진한 것이 최대의 원인이라고 했다. 세계적으로도 스마트폰 시장은 둔화하고 있고 앞으로 더 악화될 가능성이 있었다. 분사화해서 타사의 출자를 받거나 사업을 통째로 매각하더라도 거액의 자금을 회수할 수 있을 것 같지는 않았다. 액정 부문의 간부는 이렇게 말했다.

"좋든 나쁘든 샤프의 액정 사업에는, 전 사장인 가타야마 (미키오) 씨를 포함해서 세계적으로 유명한 에이스가 잔뜩 있었습니다. 2015년 3월 기에 거액 적자를 책임진 호시 (노리카즈) 전무의 경우를 봐도, 중국의 스마트폰 제조사는 그를 신뢰하여 대량 수주를 했을 정도였습니다. 다카하시 씨가 액정 부문을 원흉으로 모는 바람에 실망한 우수한 인재들이 떠나갔습니다. 비싸게 매각할 수 있는 사업인지 의문입니다."

호시가 파고든 유력고객이, 빠른 속도로 성장한 중국의 스마트폰 회사 샤오미의 창업자이자 회장인 레이쥔雷軍이었다. 샤프의 경영이 위태롭다는 이야기를 들은 레이쥔은 "1,000억 엔 정도 출자하겠다"고 말했다고 한다. 그만큼 호시를 신뢰하고 있었다. 샤오미가 아직 벤처기업에 불과했을 때, 액정을 대량으로 공급해준 유일한 회사가 샤프였기 때문이었다. 호시를 경질시킨 일로 레이쥔의 노여움을 사서 샤프는 수주를 받기 어렵게 되었다고 한다. 앞으로도 에이스가 사라진 대가를 톡톡히 치를 가능성이 있다.

액정 분리의 리스크

샤프가 액정 사업을 포기해도 미래가 밝은 것은 아니었다. 미즈호증권의 시니어 애널리스트 나카네 야스오中根康夫는 이렇게 지적했다.

"액정이 없으면 남은 샤프 본체의 비즈니스도 성립되기 어려울 가능성이 있습니다. 지금까지 샤프는 액정이나 반도체의 기술과 상품 기획의 아이디어, 이 두 가지를 조합하여 완성품을 만들어왔습니다. 액정이 없어지면 액정을 사용하는 텔레비전이나 스마트폰 등의 경쟁력이 떨어질 리스크가 있습니다."

샤프 사내에는 부침이 격심한 액정 사업을 잘라내면 "옛날처럼 아담한 샤프로 돌아갈 수 있다"는 낙관적인 의견도 들린다. 다만 7,000억 엔이 넘는 유이자부채를 줄일 수 있을 만한 상품이 보이지 않는다. 본래 액정에 거액을 투자하기 전의 샤프는 아담하지만 윤택한 자금을 보유한 우량회사였다. 그래서 자유활달하게 독창적인 상품 개발에 도전할 수 있었다.

매력 없는 태양전지

샤프는 액정 이외에도 부실한 사업을 많이 끌어안고 있었다. 태양전지와 액정 텔레비전 등은 여전히 커다란 리스크였다.

"태양광 패널을 매각하거나 철수한다는 소문이 떠돌았지만 실제로는 속수무책인 상태다. 샤프 사내의 모든 사업 중에서 매수자가 절대로 나올 것 같지 않은 부문이다." 사내에서 그런 소문이 난 것이 태양전지 사업이었다. '전진해도 지옥, 후퇴해도 지옥'이다.

지금까지는 서구에서 사업을 철수하는 등 구조조정을 실시했을 뿐이었는데, 2015년에는 안정적으로 수익을 거두었던 미국의 태양전지 자회사도 매각해버렸다. 신재생에너지의 발전차액지원제도의 개정안 때문에 일본 국내의 태양전지 사업은 단숨에 냉각되어 회복될 전망이 없었다.

재료인 실리콘을 고가로 구입할 수밖에 없는 계약이 장애물이었다. 전매가 금지되어 있는 만큼 무려 386억 엔에 이른다. 태양전지를 생산하는 사카이 공장을 운영하는 전기료 등도 장기계약을 맺고 있었다.

4K는 정말로 장밋빛인가

"텔레비전 사업은 2015년 삼사분기에 흑자로 전환하였습니다. 2015년도 하반기에서 2016년도에 걸쳐서도 안정된 흑자 체질을 유지해나갈 것입니다." 액정 텔레비전이 주력 상품인 디지털 정보가전사업 본부장이자 집행임원인 고타니 겐이치는, 2015년 11월에 메인 생산 거점인 도치기 공장에서 이렇게 강조했다.

풀 하이비전보다 해상도가 4배는 선명한 '4K' 텔레비전의 판매가 순조롭다는 것과 채산이 맞지 않는 해외사업의 구조조정이 완료된 것이 그 근거였다. 하지만 격전지인 텔레비전 시장에서 샤프가 경쟁력을 유지할 수 있을 것이란 보장은 없었다.

샤프는 2015년도에 4K 텔레비전의 국내생산대수를 전년도보다 배로 늘리겠다고 했으나 고작 10만대 가량에 불과했다. 4K 텔레비전의 수요가 늘어나고는 있으나, 한국의 대기업 등이 저가제품을 생산하고 있다. 40인치를 넘는 대화면 모델의 가격이 10만 엔 이하인 경우도 있었다. 안정된 수익을 얻을 수 있는 비즈니스는 아니었다.

샤프는 일본, 중국, 아시아, 북미, 유럽의 5개 지역으로 나눠서 텔레비전을 판매해왔다. 이 중에서 유럽은 생산 거점 등을 슬로바키아의 가전회사에 매각했다. 북미에서도 세계 굴지의 대형 거점인 멕시코 공장 등을 중국의 가전회사 하이신그룹(하이센스)에 매각했다. 적자가 이어졌던 북미와 유럽은 지혈할 수 있었지만, 일본 국내는 물론 중국이나 동남 아시아에서도 가격 경쟁이 훨씬 치열해지고 있었다. 샤프 정도의 규모가 살아남을 수 있다고 생각하는 것은 너무 낙관적이다.

애플에 의존할 수밖에 없다

얼마 안 되는 고수익사업은 스마트폰의 카메라용 부품 등이 주력인 전자 디바이스지만, 액정과 마찬가지로 미국의 애플에 대한 의존도가 크다는 것이 고민이었다. 어느 전자 부품 거래처 간부가 이렇게 증언했다.

"샤프의 전자 디바이스 부문은 여전히 강합니다. 사업설명회 후의 간담회에서 회비를 받을 정도니까요. 소니나 도시바에서도 회비는 안 받습니다. 액정 사업 쪽에서는 폐지한 것 같지만……."

전자 디바이스 컴퍼니의 본거지인 후쿠야마 공장은 히로시마 현広島県 후쿠야마 시福山市 다이몬초大門町 아사히旭에 있다. 2대 사장 사에키 아키라佐伯旭가 히로시마 출신이라서 이름을 붙인 장소다. 샤프는 11월 9일에 미에 현 가메야마 시에서 액정 사업 설명회를, 다음 날인 10일에는 후쿠야마 시에서 전자 디바이스 사업 설명회를 가졌다. 설명회 다음에 이어진 간친회에서 회비를 징수하는 것은 샤프의 관례였다. 거액의 적자 때문에 거래처에서 외면받고 있는 액정사업에서는 폐지했지만, 전자 디바이스 사업에서는 꼬박꼬박 징수했다.

전자 디바이스 컴퍼니는 '숨겨진 우등생'이었다. 2016년 3월기의 연결 매출은 전기대비 20퍼센트 늘어난 5,300억 엔, 영업이익은 27배인 180억 엔을 예상하고 있었다. 2015년 10월에는 기존의 예상을 매출에서 500억 엔, 영업이익에서 80억 엔을 각각 상향조정했다. 순조로운 원인은 애플용 매출이 늘어났기 때문이었다.

샤프는 카메라 관련 부품을 비롯하여 중앙부의 버튼을 공급하고 있었다. JDI나 LG 디스플레이 등 치열하게 경쟁하는 액정과 달리 이 상품은 압도적인 시장점유율을 자랑했다. 그러나 전자부품 사업의 전직 간부는 냉정하게 말했다.

"액정 패널은 애플 의존도가 높아서 수익의 변동이 큽니다. 전자 부품에서도 신흥회사가 바짝 쫓아오고 있기 때문에 계속해서 이익을 보는 것은 어려울지도 모릅니다. 매출이 좋을 때 일본전산이나 소니에 매각하는 편이 낫지 않을까요?"

비장의 무기도 소용이 없고

다카하시 사장의 출신 부문, 즉 복합기를 중심으로 한 비즈니스 솔루션 컴퍼니도 성장을 기대하기 어렵다. 토너나 잉크를 판매하는 비즈니스 모델이기 때문에 안정된 수익을 올리는 '비장의 무기'라고 할 수 있는 사업이다. 컴퍼니의 사장으로 에이스 중 한 명이라는 상무 집행임원 무카이 가즈시向井和司가 앉았다. 2015년 3월기의 매출은 3,403억 엔, 영업이익률은 9.2퍼센트로 다섯 개의 사내 컴퍼니 중에서 가장 높았다. 하지만 3년 후인 2018년 3월기의 목표는 매출 4,000억 엔, 이익률 9.0퍼센트로 줄었다.

미국 리서치회사 IDC에 따르면, 복사기나 팩시밀리로 이루어진 복합기 시장에서 샤프의 세계시장의 점유율은 2014년에 9퍼센트로 업계 6위. 안정적인 흑자를 내는 비즈니스 모델이기는 하지만 업계 내의 입장은 태평하지 않다. 캐논이나 리코 등 세계적인 기업이 강세를 보이는 가운데 점유율을 늘리기는 어렵다. 한국의 삼성전자와의 합병사업으로 전환하려고 한 것은 "가만히 있다가는 상황이 점점 악화될 뿐"(간부)이기 때문이었다.

"도시바는 적자잖아"

"도시바의 백색가전은 적자잖아? 우린 그래도 흑자야." 다카하시는 주위 사람들에게 이런 말을 했다고 한다. 부정회계 문제로 떠들썩한 도시바의 무로마치 마사시室町正志 사장이 2015년 12월 7일 기자회견에서, 도시바의 불채산 부문 중 하나인 백색가전을 샤프와 통합하는 것도 '선택지 중 하나'라고 지적했다. 이 지적을 받아친 발언이었다.

샤프 사내에서도 "액정을 포기하고, 백색가전까지 잘라내서 도시바와 통합하면 우리에게는 도대체 무엇이 남나?"라는 의견이 분분했다.

최근에는 '헬시오 오차 프레소(차 메이커)'나 물 없이 자동으로 조리하는 무수분조리기 '헬시오 핫 쿡' 등이 잘 팔린다고 한다. 다만 히트상품은 나오지 않았다. "백색가전에서는 히트는 칠 수 있지만 홈런은 여간해선 칠 수 없다. 언제부터인가 업계가 깜짝 놀랄 만한 상품이 나오지 않게 되었다." 경영 위기 때문에 현장이 위축되어 있다는 견해가 강했다.

넘버 2의 고뇌

그래도 샤프 사내에서는 백색가전 등 가전부문을 중심으로 재건을 추진할 수밖에 없다는 의견이 지배적이었다. 사내외에서 존재감이 커지고 있는 인물이 자사제품 구입 세일을 사원들에게 통지한 대표이사 하세가와였다. 2015년 10월 1일에 백색가전 등을 총괄하는 소비자가전 회사의 사장으로 취임했다.

하세가와는 취임 직후인 10월 6일, 지바 시千葉市의 마쿠하리멧세에서

194

열린 가전전시장 '시테크'의 보도발표회에서도 주역이 되었다. 이미 고인이 된 미국 애플의 스티브 잡스를 방불케 하는 연출력이었다.

"마지막으로 보여드리고 싶은 것이 하나 있습니다. 이것은 로봇일까요? 아닙니다. 사실은 전화기입니다. 로봇 전화입니다." 하세가와가 프레젠테이션 마지막에 소개한 것은 로봇형 휴대전화 'ROBOHON(로보혼)'이었다.

19센티미터 크기의 로보혼은 자립보행한다. 로봇에게 말을 걸면 사진을 찍어서 인터넷으로 전송해준다. 샤프가 성장의 견인차로 삼는 신기술 'AIoT'를 탑재했다. AIoT는 인공지능을 의미하는 'AI'와, 모든 것이 인터넷으로 연결되는 'IoTInternet of Things'를 조합한 신조어다.

샤프는 2012년부터 청소로봇 'COCOROBO코코로보' 등 '친구 가전'이라고 불리는 제품을 잇달아 발표했다. AI가 내장되어 코코로보는 주인과 대화를 나눌 수 있다. 2015년 10월의 시테크에서도 신형 오븐레인지를 출전했다.

"상미기한賞味期限(먹을 때 가장 신선한 기간–편집자 주)이 가까워진 식재료로 만들 수 있는 요리를 가르쳐줘." 이렇게 말을 걸면 냉장고가 클라우드를 경유하여 정보를 분석하고 "가지와 토마토의 상미기한이 얼마 안 남았으니까 치즈 구이를 만들면 어떨까?" 하고 대답한다.

하세가와는 "텔레비전, 백색가전, 통신 사업을 전부 다루는 회사는 샤프뿐이다. 세 부문을 접목한 제품을 만들겠다"고 했지만 구체적인 신제품이 얼마나 나올지는 아직 불투명하다.

매스컴에서도 "오랜만에 나온 샤프다운 상품"이라면서 로보혼을 대대적으로 다루었다. 그래도 하세가와 본인은 "(경영 재건을) 로보혼 하나에만 맡길 수는 없다"고 본심을 토로했다.

다카하시 사장을 제외하고 단 한 명, 대표권을 가진 넘버 2의 고뇌는 샤프의 위기가 얼마나 뿌리 깊은지 잘 대변해주고 있었다.

종장

비극은 끝나지 않았다

"그 남자가 다시 왔다!"

2016년 2월 5일 저녁, 오사카 시 아베노 구에 있는 샤프 본사 앞에는 50명이 넘는 보도진이 한 명의 남자가 나오길 기다리고 있었다. 세계최대의 전자기기 위탁생산업체인 타이완의 훙하이정밀공업의 회장 궈타이밍이었다.

이 날 아침 9시에 본사 빌딩으로 들어가 샤프의 사장인 다카하시 고조를 비롯한 임원들과 매수 협상을 시작했다. 총 7,000억 엔에 달하는 지원안을 내세운 궈타이밍은 "오후 2시에는 사인을 할 수 있을 것"이라고 자신만만하게 말했다. 결국은 장장 8시간이나 협상한 끝에 모습을 드러내더니, 늘어선 카메라 앞에서 "우선적으로 협상할 수 있는 권리를 얻어 서명했다"고 의기양양하게 말했다.

신장 180센티미터가 넘는 궈타이밍은 세계의 전기산업계에서 입지전적인 경영자였다. 작은 텔레비전 부품 공장을 창업한 후 40년 만에 연결매출 15조 엔의 거대기업을 1대 만에 쌓아올렸다. 게다가 주력제품은 미국 애플의 스마트폰 'iPhone'이다. 세상에서 가장 엄격하다는 애플의 품질과 코스트의 기준을 만족시킬 수 있는 경영자는 궈타이밍을 제외하면 거의 찾아볼 수 없다.

샤프 재건은 관민펀드인 산업혁신기구가 본체에 출자하기로 1월 말에 대략적으로 정해졌다. 하지만 궈타이밍은 전광석화와 같은 결단력과 박력 있는 협상력을 발휘하여 지원 조건을 대폭적으로 인상하고는 협상에 끼어들었다.

샤프의 경영진에게 궈타이밍은 '인연이 깊은 남자'이자 알레르기처럼 경계할 수밖에 없는 존재였다. 많은 간부들이 "그 남자가 다시 왔나!"라면서 짜증을 냈다.

2012년 3월에 양측은 샤프의 제3자 할당증자 인수를 주축으로 하는 자본 업무 제휴를 맺었지만, 궈타이밍은 주가 하락 등을 구실로 백지화했다. 샤프의 경영진에게 "통째로 사겠다"고 통고하거나, 약속했던 스마트폰용 액정 패널의 기술공여료 지불을 일방적으로 거절하는 등 제멋대로 행동했다.

액정 기술로 세계를 석권했던 샤프가 2011년부터 경영 위기에 빠진 것은, 액정에 대한 거액 투자가 실패했기 때문만은 아니었다. 가장 문제가 된 것이 제4대 사장인 마치다 가쓰히코와 제5대 사장인 가타야마 미키오였다. 홍하이와의 제휴 등을 둘러싸고 대립, 치열한 권력투쟁을 반복하느라 효과적인 경영재건책을 내놓지 못했기 때문이다. 샤프 위기의 방아쇠를 당긴 커다란 요소는, 바로 궈타이밍의 존재였다.

"재떨이를 집어 던진다"

2월 5일 저녁, 궈타이밍은 과거에 아무 일도 없었던 것처럼 손짓발짓을 섞어가면서 샤프 재건에 대한 자기 생각을 보도진에게 밝혔다. "샤프는 무척 유명한 브랜드입니다. 홍하이는 가지고 있는 브랜드가 없습니다. 이런 거액을 출자하는 것은 나름대로 자신이 있기 때문입니다. 창업한 지 42년. 제 경험을 활용하여 새로운 창업이라는 의미로 샤프를 재생시키고 싶습니다."

홍하이와 샤프는 5일, 2월 29일까지 매수 협상에서 최종 합의를 보기 위해서 협의한다는 사실을 표명했다. 다만 홍하이의 궈타이밍이 서명했다는

'우선적인 협상권'에 대해서 샤프는 즉각 "사실이 아니다"라고 부정했다.

샤프의 간부는 험악한 표정으로 말했다. "역시 2012년에 출자 협상을 했을 때와 마찬가지. 테리가 결정되지도 않은 일을 앞서 말하고, 샤프가 거기에 브레이크를 겁니다. 테리는 대단한 배우입니다. 퍼포먼스가 너무 심합니다. 이쪽의 약점을 파악하고 점점 불리한 조건을 내세우니까 도통 방심할 수가 없습니다."

실제로 당초는 샤프라는 회사를 통째로 인수, 재건하고 고용도 유지하겠다고 했다. 하지만 2월 5일의 회담이 끝나자 태양전지는 처분하고 40살 이하의 사원들만 고용을 유지하겠다고 궤도를 수정했다.

사내에서는 궈타이밍과 협상하는 다카하시 사장의 능력 부족을 우려했다. 2012년 3월 샤프와 훙하이가 자본 업무 제휴를 발표한 다음 해외 담당 부사장이 된 것이 다카하시였다. 미국의 애플, 한국의 삼성전자, 훙하이 등 오랫동안 거래했던 세계적인 기업의 경영자들과 인맥을 쌓아왔다. 특히 다카하시와 궈타이밍은 가족끼리도 교류가 있었고, 술자리를 가진 적도 많았다.

다카하시는 궈타이밍에게 이런 인상을 받았다. "회사를 처음부터 쌓아올린 만큼 다른 경영자와는 박력이 다르다. 웃는 얼굴로 다가오지만 뱃속은 시꺼멓다."

궈타이밍이 협상 때 약점을 쥐고 흔드는 바람에 당시의 샤프 경영진들은 선수를 빼앗겼다. 다카하시는 최근 "궈타이밍은 언제나 재떨이를 집어 던진다"고 농담처럼 말하고 있다.

훙하이에 의한 매수 협상에서는 주거래은행인 미즈호 은행과 미쓰비시 도쿄UFJ 은행 출신의 임원도 참가하지만 백전연마의 궈타이밍을 상대로 얼마나 유리한 조건을 끌어낼 수 있을까. 샤프의 경영진들 사이에서는 "홍하이가 매수하기로 정식 계약을 하더라도 그 후에 출자 등의 지원 조건을 수정하라는 요구가 반복되는 것은 아닌가"라는 의견도 있었다.

내세울 만한 경영방침이 없다

샤프의 재건은 1월 중순부터 갑자기 시작되었다. 보통 신년의 시무일에는 다카하시 사장이 본사 강당에 모인 사원들에게 경영방침을 설명했지만, 올해는 1월 5일에 간단한 음성 메시지의 훈시로 대체했다. "다카하시 씨는 마침내 허세를 부릴 여유도 없고, 내세울 만한 경영방침도 없었나 봅니다. 새해 벽두부터 암담한 기분이 들었습니다." 많은 사원들이 한탄했지만 그 다음 주부터 사태가 급변했다.

공휴일인 '성인의 날'이었던 1월 11일. 일본경제신문의 조간 1면에 샤프가 관민펀드인 산업혁신기구와 협의 중인 재건안의 개요가 보도되자 사내는 벌집이라도 건드린 것처럼 뒤숭숭했다. 혁신기구가 샤프 본체의 주식 과반수를 쥐고, 정부가 재건을 주도하여 채산이 맞지 않는 액정 사업을 처분한다는 내용이었다.

이 혁신기구안은 2015년 12월 중순으로 연기되었다. 협상의 주역은 사장인 다카하시가 아니라 두 메인뱅크였다. 추가적인 금융지원이 본체 출자의 전제조건이었기 때문이다. 샤프는 '도마 위의 생선'이라 다카하시도 내세울 만한 것이 없어서 연초의 경영방침 설명회를 열 수가 없었다.

"이해관계가 너무 복잡하다"

샤프의 경영을 재건할 열쇠를 쥔 사람은 산업혁신기구의 회장 겸 최고경영책임자인 시가 도시유키였다. 2015년 12월 22일, 도쿄에서 열린 사내 회의에서 샤프의 재건안을 협의한 다음 모여 있는 20명 정도의 기자들에게 "정말로 복잡한 거래이므로 쉬운 의사 결정은 불가능하다"고 강조했다.

산업혁신기구의 제안에 따르면 두 주거래은행의 부담이 컸다. 2015년 6월에 실시한 채무 주식화에 의한 우선주(2,000억 엔분)를 거의 무상으로 삭거할 것과 최대 1,500억 엔의 추가적인 금융 지원을 요구했다. 합계로 최대 3,500억 엔이 된다.

홍하이의 제안에서는 2,000억 엔의 우선주를 장부가격으로 매수하는 것 외에 추가적인 지원을 요청할 수 없다. 은행으로서는 꿈만 같은 제안이었다. 그래서 두 주거래은행은 홍하이의 제안도 공평하게 검토하자는 방향으로 의견이 기울었다. 미즈호은행에서는 금융 지원을 동반한 기구안이라면 주주대표소송을 걸 가능성이 있다는 지적도 나왔다.

경제산업성 내부에서는 두 주거래은행에 대한 비판이 소용돌이치고 있었다. "주거래은행은 자신들에게 유리하게만 생각한다. 액정과 관련된 대형 프로젝트에 거액을 융자해주고 돈을 벌지 않는가. 임원을 파견해두고도 경영 위기의 재연을 피하기 위한 대책을 전혀 강구하지 않았다. 샤프의 경영 위기 문제가 더 심각해지면 아베노믹스에 찬물을 끼얹게 될지도 모르고, 은행에 대한 비판도 거세질 것이다. 메인뱅크로서 책임을 다하길 바란다."

"좀비 회사를 세금으로 구해줘?"

경제산업성이 산업혁신기구를 통해서 샤프의 경영권을 잡고, 일본 국내의 전기산업을 재편하려고 시도했다가는 여론 등의 비판을 뒤집어쓸 가능성이 있었다.

경제산업성 간부는 굳은 표정으로 이렇게 말했다. "액정 사업에 과잉 투자한 경영 판단의 미스로 위기에 빠진 샤프에 출자하면 '좀비 회사를 세금으로 구해줬다'는 말을 들을지도 모릅니다. 업계 내에서도 샤프를 동정하는 의견은 적었습니다. 액정으로 성공해서 교만해진 회사니까. 그래도 거래처를 포함해서 방대한 고용 문제가 걸려 있었습니다. 가만히 손 놓고 있을 수는 없었습니다."

다만 도시바의 경영 위기가 심각해졌기 때문에 참견하기 쉬워졌다. 산업혁신기구는 백색가전 등 도시바와 샤프의 사업을 통합하는 안을 검토하고 있었다. 일본 국내의 전기산업에서 재편을 주도하여 경쟁력을 높이는 것과 동시에 고용을 지킨다는 명분을 세울 수 있었다.

도시바는 반도체와 원자력 발전 설비 등의 중전기 두 분야에 경영 자원을 집중 투자할 방침이었다. 가전이나 의료기구 등은 사업 통합이나 매각을 긍정적으로 고려하겠다는 태도를 보였다. 도시바로서도 혁신기구가 중심이 되어 사업을 재편해나가면 공적 자금의 지원도 받을 수 있어서 구조조정을 진행하기 쉬워진다.

물론 홍하이와 샤프의 협상이 조건 면에서 합의에 이르지 못해서 산업혁신기구를 의지할 수밖에 없게 되는 것이 전제였다. 두 주거래은행도 홍하이가 약속한 거액의 출자가 공수표가 되면 산업혁신기구에게 재건을 위탁할 수밖에 없게 된다.

구조조정 없이는 재건도 없다

어쨌거나 두 주거래은행의 본심은 샤프 본체에서 채권을 무사히 회수하는 것이었다. 다카하시의 속투를 허락한 것은 2015년 9월에 실시한 국내 종업원의 삭감 등 더러운 일을 맡기기 위해서였다. 그러나 이미 자력으로는 경영을 재건하기 어렵고, 홍하이나 산업혁신기구의 둘 중 하나의 산하에 들어가는 것 외에는 살아남을 방법이 보이지 않았다.

두 주거래은행에서는 "이제 다카하시 씨는 필요 없다. 진짜로 경영을 재건할 능력이 있는 경영자에게 맡기지 않으면 이쪽까지 책임을 지게 될 가능성이 있다"는 의견도 나왔다.

단 하나 확실한 것은 '구조조정 없이는 재건도 있을 수 없다'는 것이었다. 홍하이의 궈타이밍은 일찍부터 태양전지 사업을 자르라고 주장했다. 태양전지는 사카이 시에서 생산되었는데, 비싼 재료비의 장기구입 계약 등이 족쇄가 되어 흑자로 전환될 가능성이 없었다. 홍하이가 매수하기 전에 사업 철수 등을 요구할 가능성이 있었다. 액정 텔레비전의 도치기 공장 등을 폐쇄하고, 코스트가 낮은 홍하이의 해외공장으로 생산 거점을 집약한다는 시나리오도 가능했다.

한편 산업혁신기구가 경영권을 잡을 경우, 액정 사업의 대대적인 구조조정이 예상되었다. 2015년 10월에 발족한 액정 사업의 사내 컴퍼니 '디스플레이 디바이스 컴퍼니'에는 5,000명 가까운 사원이 있었다.

샤프를 퇴사한 액정 사업의 전직 간부는 지적했다.

"산업혁신기구가 필두주주인 재팬 디스플레이JDI가 샤프의 액정 사업을 매수해서 통합하면 제품도 설비도 중복됩니다. JDI는 매수를 전제로 샤프에게 구조조정을 요구할 겁니다. 종업원도 다시 삭감하고, 공장도 폐쇄하고, 설비도 매각해야겠지요. 오랫동안 액정으로 비축해온 것이 전부 흔적도 없이 사라집니다."

샤프의 전직 수뇌들은 사원들의 기분을 이렇게 대변했다.

"사원들의 마음은 이미 회사에서 떠났습니다. 다카하시 사장에게 기대를 거는 사람들도 없어졌습니다. 아마 이런 위기를 초래한 다카하시가 속투하는 사태만은 피하고 싶을 겁니다. 샤프 사내에서 누군가 우수한 사람이 갑자기 나타나서, 재생의 시나리오를 그려주지 않는다면 사기는 떨어지기만 할 겁니다."

승자 없는 권력 투쟁

샤프의 경영 재건은 앞으로 어떻게 전개될까? '세계의 가메야마 모델'로서 샤프를 성장시켰던 가메야마 공장이 가동을 시작한 2004년으로부터 약 10년. 액정 텔레비전으로 세계를 제패하겠다는 확대 전략이 대실패로 끝나고 한없는 추락을 맛보았다. 영국의 극작가 윌리엄 셰익스피어가 저술한 것처럼, 말 그대로 비극이었다. 하지만 '샤프의 비극'은 아직 최종장에 도달하지 않았다는 견해도 있다.

세계의 일렉트로닉스 산업이라는 가장 가혹한 전장에서 경영자들의 권력 투쟁으로 위기에 빠지고, 우수한 인재도 성장 투자로 돌릴 자금도 잃어버린 기업이 극적으로 부활하기란 쉬운 일이 아니다.

마치다와 가타야마의 대립으로 상징되는 권력 투쟁이 거듭되는 동안, 샤프의 체력은 점점 고갈되고 살아남은 임원의 권한도 축소되었다. 가끔 '경영 다이너미즘'의 원천이라고 불리는 권력 투쟁이지만, 실적이 크게 하락하고 자주 재건의 길이 막힌 회사에 인사항쟁의 승자가 있을 리가 없다.

앞으로 펼쳐지는 것은 자신의 지위에 연연하는 보신극일지도 모른다.

샤프는 결국 홍하이에 매수될까? 산업혁신기구에서 본체 출자를 받아 실질적으로는 국유화될까? 두 주거래은행의 주도로 불채산 사업을 잘라버리고 간사이의 중견 전기업체로서 소박하게 살아갈까? 혹은 샤프 사내의 중견사원이나 신진사원들이 결기하여 전범인 다카하시를 비롯한 수뇌진을 끌어내리고, 규모는 작지만 자유활달한 회사로서 부활을 꾀할까? 머지않아 그런 중대한 결단이 내려질 가능성이 높다.

다만 관계자들이 샤프라는 회사의 부활을 믿지 않고, 불 속의 밤을 주우려고 하지 않을 경우 공연히 시간만 낭비하다 지금 이상으로 비극적인 결말을 맞이할지도 모른다.

샤프 관련 연표

	경영 톱	주요 사건
1912년 9월	사장 하야카와 도쿠지	도쿄 고토 구에 금속가공업을 창업. 다다미 6장짜리 집에서 시작.
23년 9월		간토대지진으로 공장은 불타고 처자식도 잃는다.
12월		샤프펜슬의 판매위탁처가 있던 오사카에서 재기를 꾀한다.
25년 4월		금속가공기술을 활용하여 일본 최초로 광석라디오 개발. 수입품의 절반 가격이라 크게 히트.
50년 8월		하야카와는 경영 위기에 빠졌는데도 거래은행의 인원삭감 요구를 거부. 종업원들이 자발적으로 희망퇴직에 응한다.
53년 1월		일본 최초로 텔레비전 양산 개시.
61년 11월		중흥조인 사에키 아키라가 장래를 내다보고 오사카 시 아베노 구의 본사에 중앙연구소를 설립.
64년 3월		세계 최초로 전자식 탁상계산기를 개발하여 세계를 놀라게 한다.
70년 1월		사명을 하야카와전기공업에서 샤프로 변경.

9월	사장 사에키 아키라	경리 전문가로서 하야카와에게 조력했던 사에키가 사장으로 취임. 세계의 일렉트로닉스기업으로 도약하겠다고 맹세한다.
동(同)		사에키의 결단으로 나라 현 덴리 시에 종합개발센터 완성. 오사카 만국박람회 출전을 포기하고 자금을 개발거점에 활용.
73년 6월		세계 최초로 액정 표시 전기계산기를 개발. 본격적으로 액정 기술 개발에 나선다.
80년 6월		창업자인 하야카와가 여든여섯 살로 서거.
86년 6월	사장 쓰지 하루오	사에키의 사위의 형인 쓰지가 사장으로 취임. 영업 사원으로서의 실적이 풍부. 사에키는 대표권이 없는 회장이 된다.
87년 6월		사에키 회장이 상담역으로 물러난다.
88년 5월		14인치 액정 모니터를 개발. 벽걸이용 텔레비전의 선구자로서 세계의 주목을 받는다.
90년 4월		액정 사업부가 액정 사업 본부로 승격.

98년 6월	사장 마치다 가쓰히코	사에키의 사위인 마치다가 사장으로 취임. 사에키는 최고고문, 쓰지 사장은 상담역. 마치다는 2005년까지 모든 텔레비전을 액정으로 교체하겠다고 선언한다.
2001년 1월		액정 텔레비전 '아쿠오스' 발매. 히트 상품이 된다.
04년 1월		가메야마 제1공장이 가동. '세계의 가메야마 모델'로서 판매.
06년 8월		가메야마 제2공장도 가동. 액정 텔레비전의 세계 시장 점유율 확대에 탄력이 붙는다.
07년 4월	사장 가타야마 미키오	'액정의 프린스'라고 불린 가타야마가 마흔아홉 살의 젊은 나이에 사장으로 취임. 마치다는 대표이사 회장으로서 물러난다.
09년 10월		사카이의 액정 패널 공장이 가동. 제10세대라고 불리는 대형 유리를 사용한다. 거액의 투자가 역효과를 낳는다.
10년 2월		사에키 최고고문이 서거.
6월		가타야마가 스마트폰용 액정 패널의 강화전략을 내놓는다. 텔레비전용 수익 악화를 완화하는 것이 목적.

11년 4월		액정 사업의 수익이 악화되어 회장인 마치다와 사장인 가타야마 사이에 균열이 생긴다.
12년 3월		타이완의 홍하이정밀공업에서 출자를 받기로 합의. 액정의 사카이 공장도 홍하이와 공동 운영하기로.
4월	사장 오쿠다 다카시	거액의 적자 전락으로 경영진이 책임을 지고 사임. 마치다 회장은 상담역, 가타야마 사장은 대표권이 없는 회장으로. 후보가 아니었던 오쿠다가 사장으로 취임.
5월		대형 액정 패널 사업에서 소니와의 공동 출자 해소.
9월		미즈호코퍼레이트은행(현재의 미즈호은행)과 미쓰비시도쿄UFJ은행이 총 3,600억 엔을 융자.
12월		가타야마가 협상을 맡은 미국 퀄컴에서 출자를 받기로 결정.
		창업 100주년의 기념비적인 해에 희망퇴직을 실시. 2,960명이 회사를 떠난다.
13년 3월		한국의 삼성전자에서 출자를 받는다. 최대의 라이벌이었지만 재무 체질 악화로 재무 강화가 필요.

		샤프의 주가가 하락하는 바람에 홍하이와의 출자 협상에 실패한다.
6월	사장 다카하시 고조	또다시 거액의 적자가 나면서 경영진 사이에 항쟁이 재연. 쿠데타로 오쿠다가 회장으로 물러나고, 복사기 출신의 다카하시가 사장으로 취임. 가타야마 회장은 연구원으로.
14년 10월		가타야마가 일본전산의 부회장으로 이직. 샤프의 경영 위기를 초래한 장본인인 만큼 비판이 속출.
15년 1월		2015년 3월기의 최종손익이 2기 만에 적자가 될 전망. 경영 위기 재연
3월		미즈호은행과 미쓰비시도쿄UFJ은행에 자본 지원을 요청. 채무의 주식화로 자기자본비율의 개선을 노린다.
		희망퇴직 실시를 검토.
4월		액정 사업을 분사해서 산업혁신기구에 출자를 요청.
5월		재건 계획을 발표. 다카하시의 유임에 사내의 불만이 강해진다. 사내 컴퍼니 제도의 도입 등 수익 개선으로 직접 연결되지 않는 전략이 많았다

9월		9월 말에 3,234명이 희망퇴직. 우수한 인재가 대량으로 유출. 본사 빌딩의 매각처를 발표.
10월		사내의 사업을 다섯 개의 컴퍼니로 나누는 새 조직제도를 도입
11월		사원을 대상으로 자사 제품의 판매 캠페인을 실시. 사내의 사기가 한층 떨어진다.

샤프 붕괴 왜 명문기업은 몰락했는가

초판 1쇄 인쇄 2016년 8월 20일
초판 1쇄 발행 2016년 8월 25일

저자 : 일본경제신문사
번역 : 서은정

펴낸이 : 이동섭
편집 : 이민규, 김진영
디자인 : 이은영, 이경진, 백승주
영업 · 마케팅 : 송정환, 안진우
e-BOOK : 홍인표, 이문영, 김효연
관리 : 이윤미

㈜에이케이커뮤니케이션즈
등록 1996년 7월 9일(제302-1996-00026호)
주소 : 04002 서울 마포구 동교로 17안길 28, 2층
TEL : 02-702-7963~5 FAX : 02-702-7988
http://www.amusementkorea.co.kr

ISBN 979-11-274-0104-7 03320

이 도서의 국립중앙도서관 출판예정도서목록(CIP)은 서지정보유통지원시스템
홈페이지(http://seoji.nl.go.kr)와 국가자료공동목록시스템(http://www.nl.go.kr/kolisnet)에서
이용하실 수 있습니다. (CIP제어번호: CIP2016017449)

*잘못된 책은 구입한 곳에서 무료로 바꿔드립니다.